キャベツのせん切り、できますか？

著・イラスト　森下えみこ
料理監修　しらいしやすこ

ナツメ社

CONTENTS

レシピ

第1章

もしかして私って料理下手？

今日の
晩ごはん
なんに
しようかな
おつかれ
おつかれさまー
なにか食べて帰ろうかな
お弁当でも買ってこうかな
おそば
お弁当
それか
コンビニ寄ってくか
おにぎり
ぐぅ〜
最近外食が
続いちゃったしな
スーパーに
寄っていこうかな
たまには自炊を
スーパー
○△□

野菜をとらないとね～
煮物
サラダ
野菜炒め
でも作るのめんどうだなぁ
カットキャベツ
これでいっか

わーい
お惣菜
半額
どん
いっただき
まーす
・・・
冷凍ごはんレンジでチン
インスタントおみそ汁
半額お惣菜
カットキャベツ

もうひとりの私の声がする…
30代独身女性として この晩ごはん どうなの
せめて おみそ汁ぐらい 作ろうよ
ま、まぁね
キャベツを買って 自分でせん切り したほうが 安上がりでしょ
う、うん
でもでも私
料理がキライな わけじゃ ないんですよ

料理本
たくさん
持ってるし
おいしそ
写真を
ながめて
満足
調理器具も
充実
おいしそ〜
1回使って
満足
食器もいろいろ
そろえています
わーい
満足
レンチン
ごはん
インスタント
おみそシル
スーパーの
お惣菜

でもでも一応
肉じゃがとか
カレーとか
基本の料理は
作れるん
ですよ
味も…
味は…
まぁ
自分で食べる分は
手抜きするから
まぁ
こんな
ものかな
って感じ
そういえば私の料理って
ふと
おいしいの
かな?

昔の思い出
うん
がんばったね〜
味は…?
…多分まずくはない…けどおいしいわけでもない…感じ?
でもまぁちゃんとレシピ見て本気出せばおいしいの作れるんじゃないかな
ハッハッハ

2週間後
うーむ
レシピBook
今度の土曜日うちで飲み会やるから来て～
1品持ちよりでね！
いつもはお酒とかデパ地下でお惣菜買ったりだけど…
たまには私も自分で作ったもの持っていってみたいなぁ
キッシュ
生春巻き
なんかおしゃれなやつ
なんか友達のダンナさんの友達も来るらしいし…
本気だすか
うひひ
アピール
アピール

というわけで
この簡単チキンロールを
作りまっす
見ためも
かわいい
鶏肉は
余分な脂を
取り除き?
余分な
脂って?、
えーと
厚さが均一に
なるように
切って?、
ま、
いっか
とばしちゃえ
下味
このくらい?・・・
具が真ん中に
なってないかも
フー
ニンニク
ないけど
ザク
ザク
まいっか

ぐしゃ
もうちょっと糸でちゃんと巻かないとダメだった…
うまく切れなかったし…
でもまぁきっと味は
うんなんていうかヘルシーな味
けっしてまずくはないけども…
けども…
けども…
またまずくもなくおいしくもないものを作ってしまった…

持ちより飲み会
当日
これ おいしい〜
ありがとー
結局 ワインに しました…
ワイ
ワイ
コレ、私 チキンロール 作ってきたん ですけどー
どうぞー
すごい おいしい!
キレイ だし

あの
チキンロール
持って
こなくて
よかった…
どうぞ
おー
うまい
うまい
じつは最近
料理習い
はじめたん
ですよー
へー
いいねぇ
だから
誰かに
食べてもらうの
うれしくって
えへへ
へー
いいねー…
それにしても…
今まで
ぼんやり
させて
きたけど…
私って
やっぱ
料理下手なのかも…

とはいえ…
どうやったら料理って上手になるのかなー
やっぱ毎日作ったり
料理教室に通ったり？
そんなある日
メール
料理のエッセイですかぁ…
私あんまり料理上手くないんですけども…
今回は、今の料理レベルを底上げしようっという企画でして
底上げしたい
このタイミングでこのお仕事の依頼
ラッキー

というわけで
お会いしたのが
フードコーディネーターの
しらいし先生
はじめまして
よろしくお願いします
えーとわりと
今まで
自己流で適当に
作ってきて
しまってて…
あっでも
料理がキライって
ことは
ないんです
とにかく
おいしく
作れないっ
てだけで
できたら
誰かに食べて
もらった時に
おいしいって言って
もらえるような
料理を
作れるように
なりたい
です!

大丈夫 基本をしっかりやれば どんな料理も おいしく作れる
応用力が 身につき ますよ！
先生 本当ですか？
はいっ
こうして 30代後半にして 料理をいちから習うことと なりました
やる気
まんまん

第2章

キャベツのせん切り、できますか？

～今さら聞けない料理の基本～

料理修業(?)1日目
よろしくお願いしまーす
おニューのエプロン
ではさっそく森下さんキャベツのせん切りできますか?
カットキャベツ
えーとやれば…できると思います
じゃあやってみましょうか
わかった
もしかしてキャベツのせん切りで私の料理レベルをはかろうって魂胆《こんたん》?

ザック
ザク
ザック
ハラ
ハラ
どや
厚みが…
遠目から見れば結構せん切りって感じじゃないですか？
離れて見てくださいね
は、はぁ
でも食べると歯ごたえバッチリ
これを生で食べるのはキツイよー
バリバリ
…

次に先生の番
トン トン トン
おおー リズミカル
トン
わぁ これはいくらでも 食べられちゃう
さすがー
フワ フワ
シャキ シャキ
見た目の違いも歴然
使った キャベツの量 同じくらい なのに…

まぁホレ
私、
細かい作業って
苦手なのよね～
性格が
雑なもので・・・
どっしり感ある
せん切り
でも、
こんなお店で食べるような
フワフワのせん切りが
自分でもできたらなぁ
生キャベツは
ダイエットにも
いいのよ～
ではまず
包丁の基本から
やっていきま
しょう!
はい!!
包丁から・・・
先は長いぞ

包丁の基本

できれば
ふつうの包丁（牛刀《ぎゅうとう》）と
ペティナイフを用意して

たいていの素材に
対応可能に！

ペティナイフ

小型の包丁。小回りがきくので、果物や野菜の皮むきや飾り切りなどの細かい作業に向いている。

牛刀

どこの家庭にもある基本の包丁。これがあれば、野菜、肉、魚などひと通り切ることができる。

【握り方その①】

刃元をつかむ

握り型

基本の握り方。親指と人差し指で包丁の刃元を持って、残りの3本の指で自然に柄《え》を握る。

【握り方その②】

背にそえる

指差し型

切り込みを入れたり、そいだり、細かい作業をするときの握り方。包丁の背に人差し指を添える。

※背の部分を峰《みね》という。

【添える手】

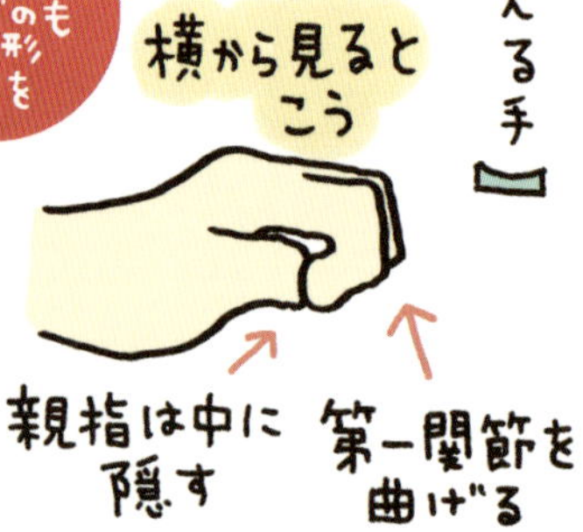

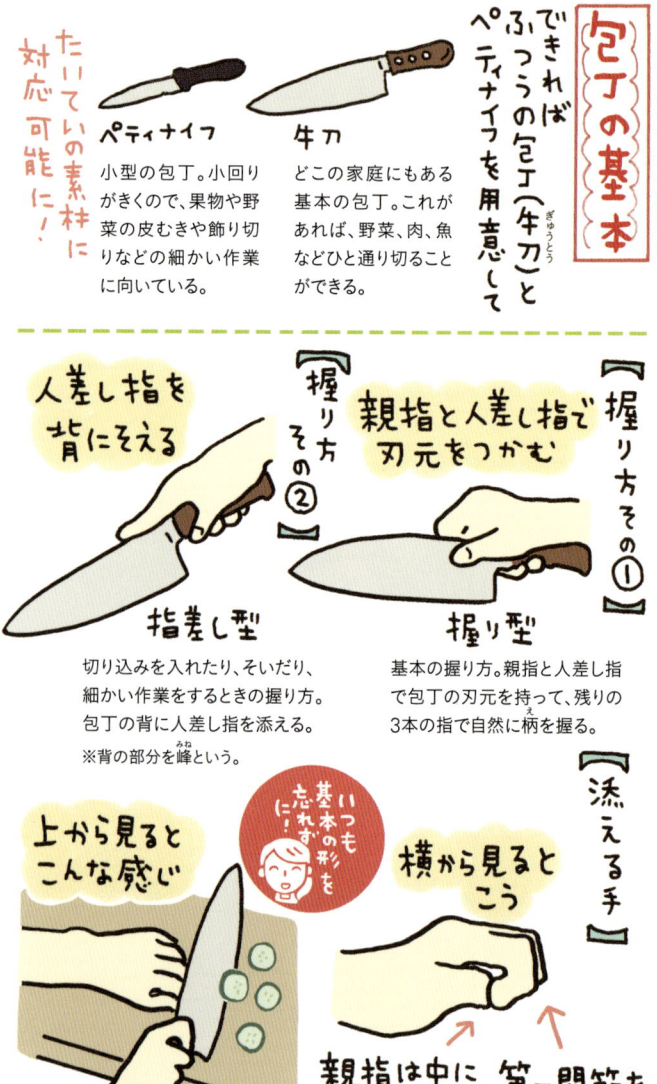

横から見ると
こう
親指は中に
隠す
第一関節を
曲げる

いつも
基本の形を
忘れずに！

上から見ると
こんな感じ

【切る時】
ななめに入れて
NG 垂直に下ろすとつぶれてしまう
前方に押し出すように切る
前に押し出すようにして切るのがポイント
刃の長さを利用してね
立ち方も重要
正しい立ち方なら切り口が曲がるのを防げます！
目線は切り口
①まな板と自分は平行に立ちこぶし1個分あける
②利き手側の足を1歩引いて斜め45度ぐらいの姿勢に
立ち方なんて意識したことなかった〜

せん切り
ではいよいよ
キャベツの
せん切りを
はいっ
はがさずに
そのまま
切っていく
方法も
あるけど
少ない分量を
作るには、
1枚ずつはがして
切るのがおすすめ
ベリ
3～4枚
はがして使う
①芯を取る
残りをとって
おきやすい
芯もあとで
せん切りに
②重ねて丸める
丸めて
ひっくり
返して
③はじから切っていく
トン
トン
長いまま
切れる

じゃあ やって みま〜す!
よし
森下さん その立ち方で よかったん でしたっけ?、
せん切りをする時は 立ち方を もう一度確認!
せん切りの 細さにも 影響がでます
細ー
理想は 葉の厚みと 同じ細さ
前方に押し出す ように切る、 ことを守れば
OK
NG
繊維がつぶれないので みずみずしいまま
水分が でてしまう
スピードは 練習 あるのみ
トン トン トン

みじん切り
では、次は玉ねぎのみじん切りです
玉ねぎの辛味成分とも上手につき合っていきましょう
みじん切りも基本ですね
玉ねぎの豆知識
辛味成分は繊維に沿って入っている
加熱向き
① たてに切ると、繊維が壊れにくいので涙が出にくい。でも味は辛い。
生食向き
② 横に切ると、繊維が壊れるので涙が出やすい。でも辛味は抑えられる。
だから料理によって切り方を変えよう!
みじん切りである程度涙が出るのは仕方ないものだけど
包丁を研《と》いでおくと余計な辛味成分が出にくくなりますよ
へー
ラップ

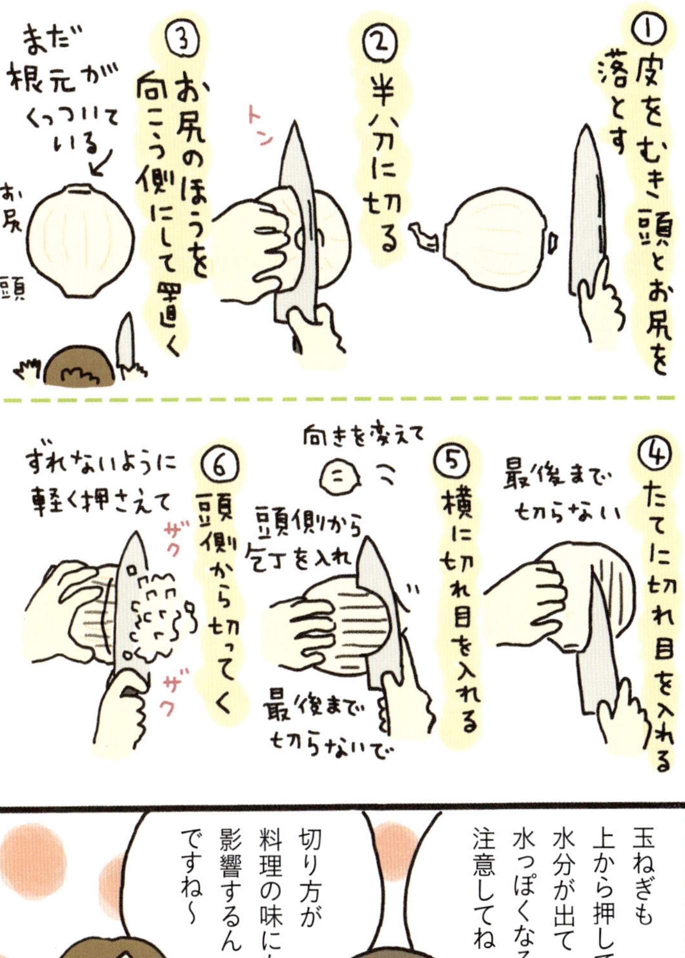
①皮をむき頭とお尻を落とす
②半分に切る
トン
③お尻のほうを向こう側にして置く
まだ根元がくっついている
お尻
頭
④たてに切れ目を入れる
最後まで切らない
⑤横に切れ目を入れる
向きを変えて
頭側から包丁を入れ
最後まで切らないで
⑥頭側から切ってく
ずれないように軽く押さえて
ザク
ザク

玉ねぎも上から押して切ると水分が出て水っぽくなるので注意してね
切り方が料理の味にも影響するんですね〜
なるほど

野菜の切り方いろいろ

作る料理の見ばえや火の通り、野菜の性質によって
切り方を分ける必要があります。
いろいろな野菜の切り方を覚えて料理上手に!

● みじん切り ●

材料を細かく刻む。粗《あら》めに切ることを「粗みじん」という。

玉ねぎ／しょうが／にんにくなど

● せん切り ●

野菜をできるだけ細く切る。ふんわりとみずみずしい食感に。

キャベツ／にんじん／大根など

● ななめ切り ●

端からななめに切っていく。料理によって厚さを変えて。

きゅうり／ネギなど

● 半月切り ●

丸いものを半分に切り、端から切っていくもの。半月の形になる。

トマト／大根／なすなど

拍《ひょう》子《し》木《ぎ》切り

四角い棒状に切る。短冊切り（P.34）よりも厚いものを指す。

大根／にんじんなど

いちょう切り

丸いものを十字に切り、端から切っていくもの。いちょうの葉の形になる。

大根／にんじんなど

薄切り

丸のまま、または半分に切ってから、端から薄く一定の厚さで切っていく。

きゅうり／玉ねぎ／しょうがなど

小口切り

細長い野菜を端から切っていく。輪切りと同じ切り方。

長ネギ／万能ネギなど

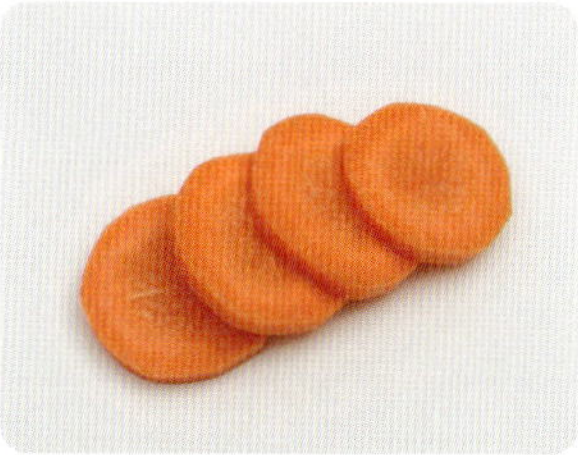

輪切り

丸い野菜を端から一定の厚さで切っていく。

きゅうり／大根／トマトなど

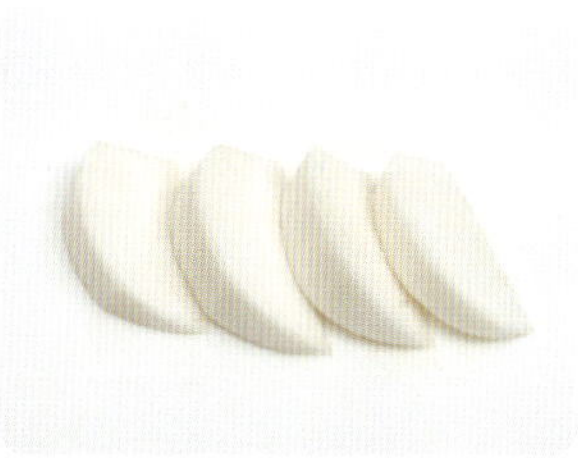

くし切り

丸い野菜を半分に切り、中心に向かって等分していく。

かぶ／トマトなど

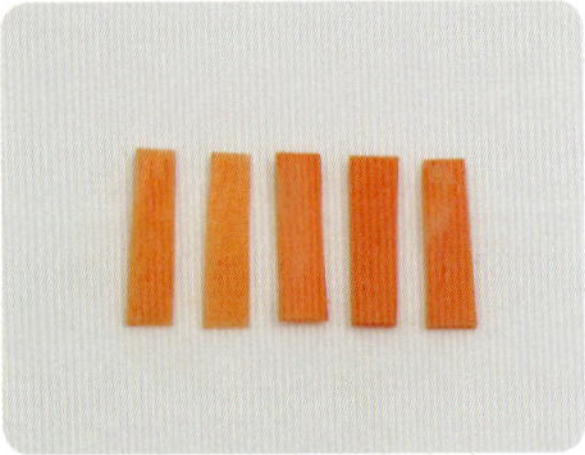

短冊切り

拍子木切りよりも薄いものを指す。短冊の形に似ている。

大根／にんじんなど

さいの目切り

四角い棒状に切ったものを立方体に切っていく。

じゃがいも／大根など

ささがき

野菜を回しながら包丁で鉛筆を削るように切っていく。

ごぼうなど

乱切り

野菜を回しながら斜めに切っていく。大きさをそろえること。

きゅうり／なす／にんじんなど

細切り

せん切りよりもやや太く、端から細長く切っていく。

きゅうり／じゃがいも／ピーマンなど

ザク切り

主に葉もの野菜を端からザクザクと切っていく。大きさをそろえること。

キャベツ／ほうれん草など

覚えておきたい飾り切り

さといもの六方《ろっぽう》むき

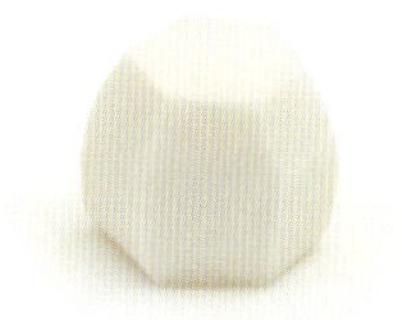

さといもの上下を切り落とす。六角形になるようにバランスを考えながら皮を厚めにむいていく。

花れんこん

れんこんの皮をむき、輪切りにしたら、外側に並んでいる穴に沿ってふちを丸く削っていく。

ねじり梅

にんじんを輪切りにし、中心にようじを刺して五等分の目安をつけ、浅く切り込みを入れる。切り込みに向かって花びらの形を作っていく。さらに、花びらの境目からななめに削って立体感を出す。

蛇腹《じゃばら》きゅうり

上下のヘタを切り落とし、端から深く切り込みを入れていく。最後まで切らないようにはしなどを添えるとよい。裏返し、反対側からも同様に切り込みを入れていく。

魚をさばく
次は魚をさばいてみましょう
いきなりハイレベルな
森下さんは魚料理って作りますか？
料理？
お刺身が大好きです～！
えーと
あとは、煮たり焼いたり…
鮭が多いかな、便利だし美容にもいいし
ムニエル
ホイル焼き
ほとんど切り身
フムフム

ぜひ、魚をさばけるようになりましょう
例えばアジを買って
バリエーションがぐーんと広がります!
フライにしたり
みそ焼きにしたり
焼き魚ももちろん
自分でさばいた新鮮な魚のお刺身は最高ですよ〜!
自宅でもこんな盛りつけできちゃう
アジのお刺身
たたき
お店みたい
たしかに〜おいしそう〜
魚がさばけるってなんか料理上級者って感じですよね
キャンプとかで
林下さん魚さばけるんだー
かっこいいー
練習すれば上手にさばけるようになりますよ!

では、さっそく！魚さばきを覚えるならアジとイワシからやってみましょう
アジ
イワシ
扱いやすい大きさでいろいろな料理に使えますよ
安く買えるし練習もしやすいですね～
アジ大好き
ポイント① 魚の構造を知っておく
大きさや形、柔らかさは異なりますが、たいていの魚は構造が同じです
実践しながら覚えてくださいね
アジやイワシができれば、ほかの魚もできるってことですね
胸ビレ
尾ヒレ
えら
腹骨
中骨
ポイント② まな板を汚さないために
さばき始める前にまな板が汚れたり臭いがついたりするのが気になる場合は
新聞やキッチンペーパーを敷いてください

ポイント③ 力を入れないこと
包丁を入れる時は力を入れすぎないことが大事です
フー
のこぎりのようにギコギコやってしまうと
ギコ
ギコ
身が崩れてしまいます
ボロ
ボロ
ポイント④ 手早くさばく
最初は難しいかもしれませんができるだけ手早くさばいてくださいね
サッ
ササッ
と
魚は鮮度が命! 長い時間常温で触っているのは好ましくありません
特にお刺身にする時、魚がぬるいと嫌ですよね~
人肌のお刺身
新鮮なお刺身を食べるためにがんばります!
練習練習

Standard Recipe

魚のさばき方

切り身は便利ですが、自分で魚をさばけるようになると
レパートリーが広がります。

アジの3枚おろし

焼き魚、フライ、刺身などさまざまな料理に使える3枚おろしは、魚さばきの基本！　ほかの魚にもどんどん挑戦してみて。

1 うろこを取る

尾のほうから頭のほうへ包丁の先端を動かして、うろこをこそげ取る。市販の魚は既に取り除かれていることが多い。

※まな板が汚れるので新聞紙やキッチンペーパーを敷くことをおすすめします。

2 ゼイゴを取る

尾の付け根にあるゼイゴ（硬いうろこ）を取る。包丁を寝かせ、尾から頭のほうへ削ぎ取る。

※ゼイゴはアジ科の魚特有のものです。

3 頭と内臓を取る

胸ビレを持ち上げて頭を落とし、腹に切れ目を入れて内臓をかき出す。その後水洗いしキッチンペーパーで拭く。

4 背側に包丁を入れる

背側に包丁を入れる。尾のほうから頭のほうへ魚を手で押さえながら切り込みを入れていく。

5 腹側に包丁を入れる

3で入れた切れ目から尾のほうへ包丁を動かし、腹側にも切れ目を入れていく。

6 包丁を通す

尾を押さえ、4と5で入れた切れ目を貫通させるように包丁を通す。尾から頭のほうに包丁を動かして身をはずす。

イワシの手開き

蒲焼《かばやき》、煮魚、フライなどに重宝するイワシは、身が柔らかいので手で簡単に開くことができます。身を崩さないようにやさしく扱って。

1 頭と内臓を取る

頭を落とし、腹に切り込みを入れて内蔵をかき出し、その後水で洗う。中骨にも血が溜まっているのでよく洗って。

2 指で腹を開く

❶で入れた切り込みに指を入れ、尾のほうへ開いていく。

3 中骨に沿って開く

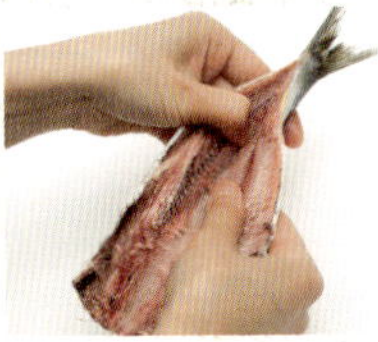

中骨と身の間にも指を入れ、骨と身をはがしていく。尾のほうまでていねいに開いて。

4 中骨をはずす

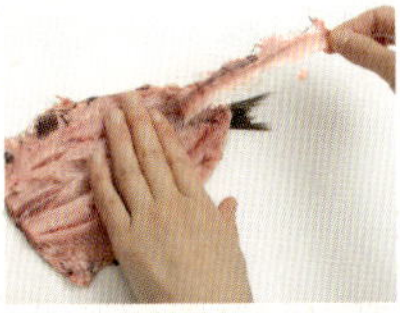

身がはがれないように注意しながら中骨をはずしていく。

7 2枚おろしにする

片方に中骨がついたこの状態を「2枚おろし」という。焼き魚にする際などはこのままでも調理できる。

8 3枚おろしにする

中骨がついているほうの身も❹〜❻の工程と同様にして身と骨を切り離す。この状態を「3枚おろし」という。

Point

刺身にする場合は

3枚おろしにしても身の中にはまだ骨がたくさんあります。刺身やたたきにする時は、さらに骨を取る作業が必要です。

1 骨を削《そ》ぐ

内蔵があった場所には大きな骨が残っているので、包丁で削ぎ落とす。

2 骨抜きで抜く

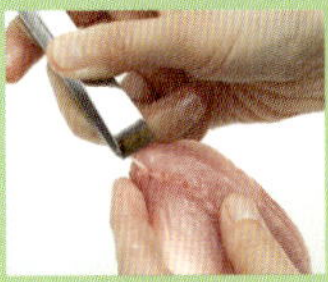

中骨に沿って身の中にも骨が残っている。「骨抜き」を使って1本1本抜いていく。

刺身の場合は骨をすべて取らなければなりません!

Standard Recipe

エビ・イカの下ごしらえ

食卓に欠かせないエビやイカ。
下ごしらえの方法はぜひ覚えておきましょう。

Point

天ぷらやフライにする時は

天ぷらやフライにする時は、エビが丸まってしまわないように処理が必要です。見ばえよく作るコツを覚えましょう。

1 腹に切り込みを入れる

火を通したときにエビが丸まってしまわないように腹側に数箇所切り込みを入れる。

2 尾の硬い殻を取る

尾には硬い殻がついているので、手でつまんで取り除く。

3 尾の先を切る

尾の先端をななめに切り、包丁でしごいて中に入っている水分をかき出す。その後、尾を形よく整える。

※尾に入っている水分を出すのは油はねをふせぐためです。

エビの下ごしらえ

和洋中どんな料理にも大活躍するエビ。殻《から》つきのものを自分で下ごしらえできれば、ちょっとしたおもてなしにも役立ちます。

1 頭を取る

頭と体部分を持ち、ねじるようにして頭を取る。

2 殻をむく

脚を取り、殻をむいていく。料理によっては尾を取り除く。

3 背わたを取る

エビの背に黒く見えている背わたを取り除く。竹串などを刺して引っかけて抜いていく。

イカの下ごしらえ

イカは鮮度が命。丸のままのイカを買ってきてすぐに下ごしらえすれば、新鮮なイカ料理を作ることができます。

1 脚の付け根をはずす

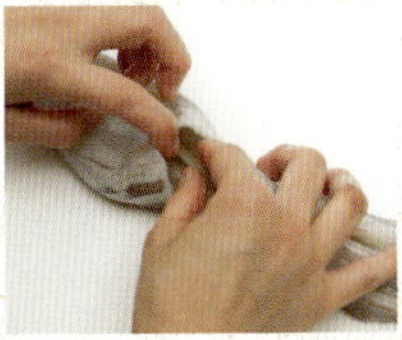

胴のすそから指を入れ、脚と胴がくっついているところをはずしていく。

2 指を奥まで入れる

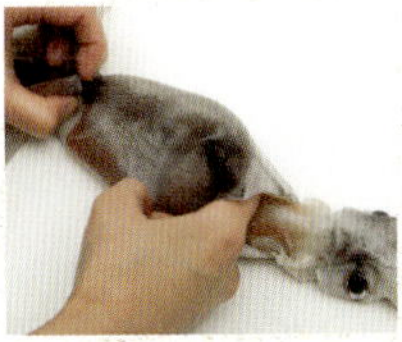

奥まで指を入れ、くっついているところをはずしていく。

3 軟骨を取る

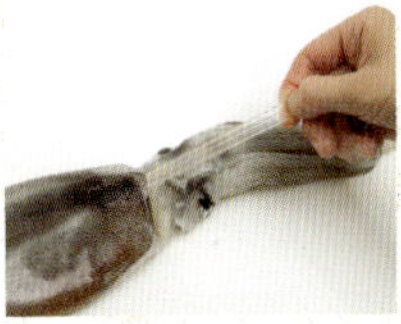

胴の中心に入っている軟骨を抜き取る。

4 内臓を取る

エンペラの部分を押さえ、脚を引っぱって内臓を抜き取る。

5 エンペラをはがす

手で引っぱってエンペラをはがしていく。

6 皮をむく

エンペラをはがした部分から皮をむいていく。キッチンペーパーで押さえるとむきやすくなる。

7 くちばしを取る

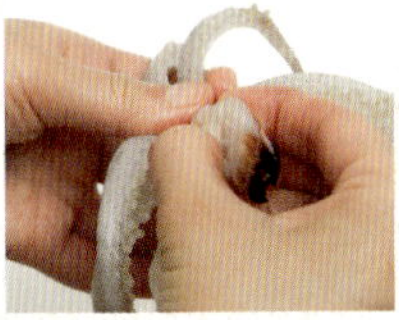

脚の中心にあるくちばしを取り除く。

8 吸盤《きゅうばん》を洗う

脚にはザラザラとした吸盤がついているので指で削《そ》ぎ落とすようにして洗う。

イカは刺身、フライ、煮物、炒め物などさまざまな料理に使えます!

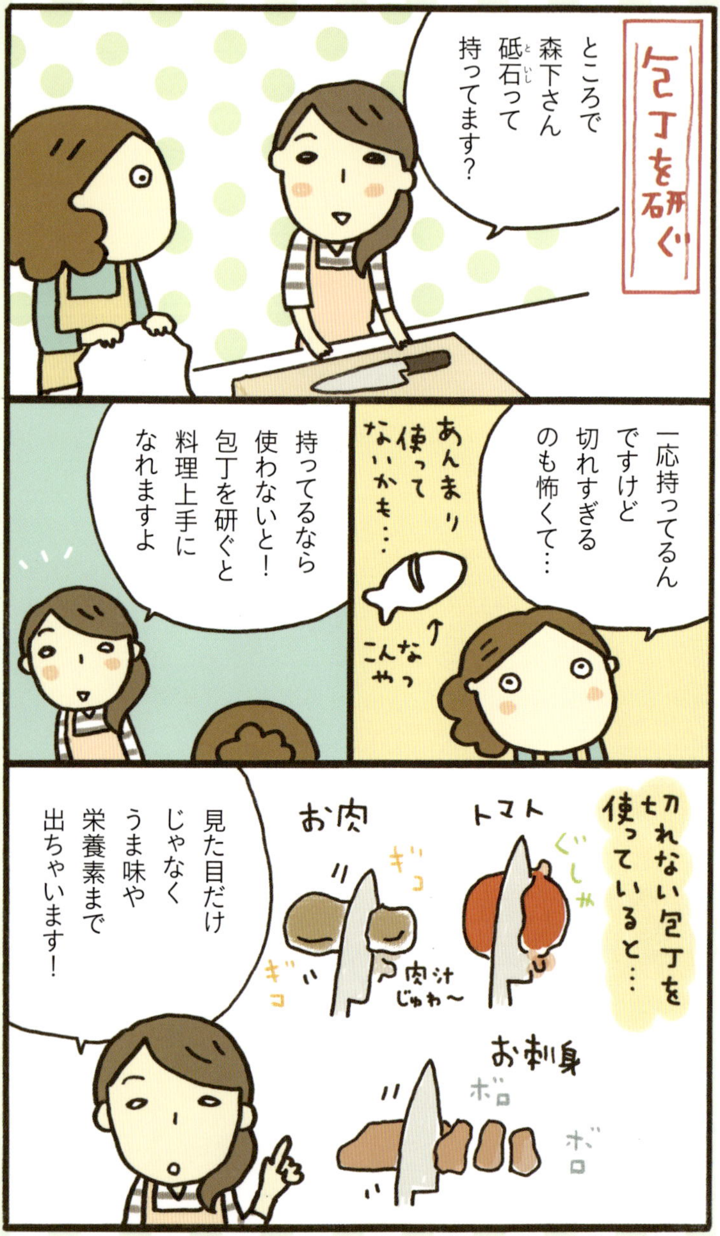
包丁を研ぐ
ところで森下さん砥石《といし》って持ってます？
一応持ってるんですけど切れすぎるのも怖くて…
あんまり使ってないかも…
こんなやつ
持ってるなら使わないと！包丁を研ぐと料理上手になれますよ
切れない包丁を使っていると…
トマト
ぐしゃ
お肉
ギコ
ギコ
肉汁じゅわ〜
お刺身
ボロ
ボロ
見た目だけじゃなくうま味や栄養素まで出ちゃいます！

お料理上手になるには包丁のお手入れも大事ですよ
はーい
でもちゃんと研ぐのって難しそー
目の粗《あら》さによって
荒《あら》砥石
中《なか》砥石
仕上げ砥石
がありますが家庭用なら中砥石ひとつで充分です!
まずは砥石を水に浸して水を吸わせて
砥石から気泡が出なくなるまで浸します(約20分)
砥石が動かないように、固く絞った布を敷きます
付属の台でもOK!

包丁の研ぎ方

1 包丁を濡らし、表（右側）から研ぎます。利き手と反対の手の3本の指で包丁の腹を軽く抑えて。

2 前へ押す時に力を入れ、手前に引く時には力を抜きながら研ぎます。

この時、包丁は砥石から10円玉2枚の厚さ程度起こした角度で研ぎます。

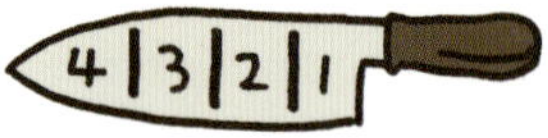

3 刃元から刃先まで、4回に分けて全体を研ぎます。

4 研ぎ終わりの目安は、「刃返り」が出ること。金属のまくれで、刃先を軽く触るとざらっとします。

5 裏側も4回に分け、今度は手前に引くときに力を入れ、押す時に力を抜きます。表同様に「刃返り」が出たら終了。

6 仕上げ用の面で「刃返り」を取り、軽く両面研ぎます。水洗いし、拭いたら完成！

第3章

味つけに正解ってあるの？

～奥が深い調味料のお話～

さ　砂糖
し　塩
す　酢
せ　しょうゆ
そ　ソース…じゃなくて
　　みそ？

日曜日
お昼なんにしようかな～
冷蔵庫になにかあったかな
コンビニ行く…？
ピザでもとる？
いやいやたまにはちゃんと作ろう
よっと
キャベツあるし
野菜スープでも作ろっかな

あっ
切る時の
立ち方立ち方
トン
トン
あらま
コンソメ
1個しか
ないや
なんか
足りない
なぁ…
塩・こしょう
パッパと
カレー粉も
入れてみようかな
せっかく
だし…(？)
あと
みりんとか
ついでに…
ううーーーん

スープ作ると いつも こんな感じに なってしまう
しょんぼり
スープだけでなく
しょっぱすぎたり
ぼんやりした味
一応レシピは 見るん だけど…
こういう時 自分で味つけしても、おいしく作れると かっこいいのに…
もうちょっと こくを だしたいなー
じゃあ あれを 足そう
まぁ 初心者には ムリか…
でも もしかしたら なんかコツが あるかも!
先生に 聞いて みよう

料理修業2日目
先生、私いつも味つけが上手くできないんですけど…
フムフム
森下さん、調味料の「さしすせそ」って知ってますか？
でも意味まではよく知らないかも…
砂糖
塩
酢
しょうゆ
ソース…じゃなくて
みそ？
さしすせそ
だったかな
そう
この順番にもルールが隠されてるんですよ！
調味料のルール

調味料のルール
調味料って入れる順番がかなり大切なんですよ
入れる順番？
調味料の分子の大きさがそれぞれ違って浸《しん》透《とう》圧《あつ》が…
はい？ ？、 ？、
じゃあひとつずつ説明していきますね
さしすせその さ から
砂糖
ほかの調味料よりしみ込むのに時間がかかるので、先に入れます
上白糖
三温糖
グラニュー糖
種類もさまざま
肉を柔らかくする効果もあるんですよ
へぇ〜

塩
食材の水分を出し味を凝縮させます
入れすぎると元に戻せないので少しずつ入れて
酢
加熱しすぎると酸味がなくなってしまい最後に入れると酸味が強すぎてしまいます
真ん中くらいで入れましょう
しょうゆ
独特の風味が逃げないよう最後に入れます
焦《こ》げやすいので、注意して
みそ
煮立たせると風味が落ちるので仕上げに加えます
みそ煮込みの場合は煮込んでOK
みそ
何気なく使ってる調味料も奥が深いんですね～
知らないのとじゃ大違い!
いつもの料理ももっとおいしくなりますよ

知っておきたい調味料

料理上手になるには調味料を使いこなすことが必要。
この本に出てくる調味料を中心に
家に常備しておくと便利な調味料を集めました!

《 多国籍 》

少量加えるだけで、
一気にエスニックな風味が出せる調味料です。

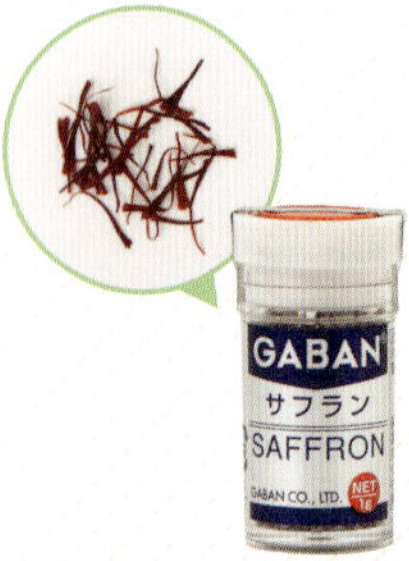

●サフラン●

ハーブの一種。黄色い色素を利用してサフランライスなどに用いる。

●チリソース●

唐辛子などの調味料をトマトソースに合わせたもの。甘味と辛味がありエスニック料理に使う。

●ナンプラー●

イワシなどの小魚を原料に作られる魚醤《ぎょしょう》の一種。一滴垂らすだけでエスニックな風味になる。

●豆板醤《トウバンジャン》●

主に中華料理に用いる。そら豆を原料とし、辛味が強く、麻婆豆腐《まーぼーどうふ》やエビのチリソースなどに欠かせない。

●コチュジャン●

主に韓国料理に用いる。もち米の米麹《こめこうじ》と唐辛子をじっくり発酵させた甘辛いみそ。

> **チューブタイプが便利**
>
> さまざまな調味料にチューブタイプのものが出ています。冷蔵庫の中に立てておけるので場所もとらず、使いたい時にさっと使えるのでひとり暮らしの人には特におすすめです。

●XO醤《エックスオージャン》●

主に中華料理に用いる。干しえび、干し貝柱などを原料にしたもので炒め物などに加えて風味を楽しむ。

●甜麺醤《テンメンジャン》●

主に中華料理に用いる。甘味の強いみそで、料理に加えたり、そのまま料理に添えたりする。

《 オイル 》

和洋中どんな料理にも対応できるように、
この3つのオイルは常備しておきましょう。

● サラダ油 ●

クセがなく、どんな料理にも使える万能な油。植物油を原料としている。

● オリーブオイル ●

オリーブの実から作られる油。イタリア料理やサラダのドレッシングによく合う。

● ごま油 ●

香ばしいごまの風味が特徴。炒め物や揚げ物だけでなく、仕上げに少量垂らしてもよい。

油の保存方法

油は保存方法が悪いと酸化して味が落ちたり臭いが出たりしてしまうので注意が必要です。光の当たらない暗い場所に保管すること、しっかりふたをすること、高温になる場所は避けることが大事です。

《 酢 》

酢にはさまざまな種類があります。
それぞれ原料が異なるので特徴を知っておいて。

● 土佐酢 ●

三杯酢にかつお節を加えたもの。かつおの旨みが加わり、三杯酢より酸味が抑えられている。

● バルサミコ酢 ●

ぶどうを発酵させて作られたイタリアのお酢。甘味があり、肉料理のソースなどによく合う。

● ワインビネガー ●

ワインを発酵させたお酢。風味が豊かなのでドレッシングなどに最適。

定番の酢は穀物酢

すっきりとした味でさまざまな料理に合うのが穀物酢です。家にぜひ常備しておいてください。また、酢飯を作るときなどには米酢が合います。

● ポン酢 ●

柑橘類の果汁にしょうゆを加えたもの。鍋物、酢の物など幅広く用いる。かつお節や昆布を加えたものなどもある。

● 黒酢 ●

玄米や米が原料の独特の風味を持った黒いお酢。中華料理によく合う。

《時短に役立つ調味料》

時間短縮に便利な調味料。
これがあれば忙しいときの自炊が楽になります。

はちみつ

砂糖よりも溶けやすいので、甘味がほしいときに料理の時間が短縮できる。

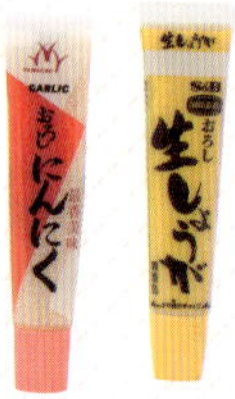

にんにく・しょうがチューブ

すりおろしたにんにく・しょうががチューブになったもの。おろしにんにくやおろししょうがに代用できる。

めんつゆ

しょうゆにだしなどの調味料を加えて作ったもの。用途に合わせて薄め、麺のかけ汁やつけ汁、料理の味つけに用いる。

わさび・からしチューブ

さまざまな料理にそのまま添えることができる。保存も効くので常備しておくと便利。

洋風スープの素

肉や野菜を煮込んで作るスープを調味料にしたもの。スープや隠し味として幅広く使える。固形タイプや顆粒タイプがある。

がらスープ

鶏がらスープが顆粒になったもの。スープや炒め物、チャーハンなどの中華料理に用いる。

だしの素

主にかつおのだしに調味料を加え粉末にしたもの。だしを取るひまがないときや味つけにも便利。

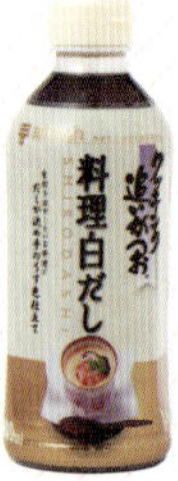

レモン汁

レモン果汁を使いやすく調味料にしたもの。レモンを絞る手間が省《はぶ》ける。

白だし

しょうゆにだしと調味料が加わったもの。料理に入れるとそれだけで味が決まる。

溶けやすいもので時短を

時間短縮を考えるなら、顆粒や液体の調味料がおすすめです。さっと溶けてすぐに味がつくので便利。固形タイプのものはやや時間がかかります。

《 料理の幅を広げる調味料 》

**いつもの料理をもっとおいしくする、
プラスアルファで用意しておきたい調味料です。**

●オイスターソース●

カキを原料とした調味料でカキ油ともいう。ゆでた野菜にそのままかけたり、炒め物、スープなどに幅広く使える。

●ウスターソース●

とろみが少なくさらっとしている。ケチャップと混ぜて手作りソースにも使える。

●粒マスタード●

西洋からし菜の種がそのまま入っているマスタード。ソーセージやポトフに添えて。

●ナツメグ●

香辛料の一種。独特の香りで、ハンバーグなどの肉料理に多く用いられる。肉の臭みを消す効果がある。

●薄口しょうゆ●

しょうゆの濃い色を付けたくない時に。上品な仕上がりになる。

●ラー油●

唐辛子などの香辛料を油で加熱して作ったもの。ぎょうざに添えるほか、料理に垂らして用いる。

**余裕があれば
そろえたいもの**

しょうゆにも薄口しょうゆや刺身しょうゆがあるように、同じ調味料でもさまざまな種類があります。微妙な風味を大切にしたい人はぜひそろえてみてください。

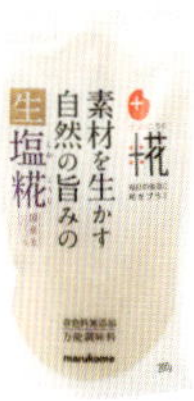

●塩麹《しおこうじ》●

麹と塩を発酵させて作ったもの。肉や魚を漬けて焼いたり、スープやソースとして用いる。

●だしパック●

かつお節や煮干などが粉末になりパックに入ったもの。煮出すだけで本格的なだしがとれる。こす必要がないので便利。

お酢を使いこなす
ところで森下さんお酢って普段使ってます？
飲むお酢とかは飲んだりしますけど料理ではあまり使わないかな
料理初心者は砂糖、塩、しょうゆはよく使うもののお酢は使えてない人が多いんですよね
酢の物ぐらいしか思いつかない…
たしかに〜
酢の物や酢豚などのお酢料理はもちろんドレッシングやソースにも大活躍！
手作りドレッシング
唐揚げや焼き魚にも

カレーやポトフなど洋風の料理も煮物などの和風の料理も
深味を出しまとめる
少量の酢を加えると味に深みが出るんです
ほかにも…ゴボウやレンコン、ウドなどアクの強い野菜を酢水にさらして変色を防いだり
魚の臭みを取ったり、肉を柔らかくしたり
下ごしらえに
お寿司にも
こんな感じでいろいろなことに使えるんです!
お酢は体にもいいんですよね～
これからもっと活用してみます～!

お酢を使いこなすレシピ

お酢をいろいろな調味料と合わせることで料理の幅が広がります。
お酢を使いこなして料理上手に!

お酢レシピ1
二杯酢

お酢としょうゆの割合が1:1の
基本の二杯酢です。

材料（必要な分量）

酢……………………………1
しょうゆ　…………………1

作り方

1. 必要な分量に対し、酢としょうゆを半量ずつにして合わせる。

Point

酢としょうゆを1:1にするのが基本の二杯酢です。しょうゆが強いと感じる場合は、酢としょうゆの割合を3:2くらいにすると使いやすくなります。自分の好みの配合になるように調整してみてください。

お酢レシピ2
三杯酢

酢、しょうゆ、みりんが1:1:1の
基本の三杯酢です。酢の物などに。

材料（必要な分量）

酢……………………………1
しょうゆ　…………………1
みりん　……………………1

作り方

1. みりんは鍋に入れて煮立て、アルコール分を飛ばしておく。これを「煮きりみりん」という。
2. 酢、しょうゆ、みりんが1：1：1になるようにして合わせる。

Point

酢、しょうゆ、みりんを1:1:1にするのが基本の三杯酢ですが、さらに甘味を加えて食べやすくしたい場合は、みりんの代わりに砂糖を使います。その場合、酢、しょうゆ、砂糖が3:1:2くらいになるようにします。

※二杯酢、三杯酢は好みに合わせてダシで割りましょう。

お酢レシピ3

フレンチドレッシング

市販のドレッシングを切らしてしまった時にも便利な
基本のフレンチドレッシングです。

材料（作りやすい分量）

サラダ油 ········ 150mℓ
酢 ·············· 大さじ3
塩 ·············· 小さじ1
こしょう ·········· 少々
パセリみじん切り
················ 少々

作り方

1. すべての材料をよく混ぜ合わせる。

魚介のマリネ

鯛などの白身の魚やホタテなどを漬ければマリネができます。薄切りの玉ねぎなども加えて、野菜と一緒に盛れば豪華な前菜に。

お酢レシピ4

和風ドレッシング

さっぱりとした和風ドレッシング。
野菜だけではなく、豆腐や肉ともよく合います。

材料（作りやすい分量）

サラダ油 ········ 130mℓ
酢 ··············· 50mℓ
しょうゆ ········ 大さじ1
だし汁 ········ 大さじ1/2
ごま ·············· 少々

作り方

1. すべての材料をよく混ぜ合わせる。

肉の味つけに

油で焼いた肉に、和風ドレッシングを回しかけ、からめるようにして焼けば、肉の味つけの調味料としても使えます。

お酢レシピ5

酢みそ

酸味と辛味がおいしい酢みそ。
野菜や魚介類をあえるだけで、簡単に一品完成。

材料（作りやすい分量）

白みそ ･･････････ 大さじ2
砂糖･･････････････ 大さじ2
酢･･････････ 大さじ1･1/2
だし汁 ･･････････ 大さじ1

作り方

1. すべての材料をよく混ぜ合わせる。

たこの酢みそがけ

きゅうりとゆでだこを薄く切り、戻したわかめとともに皿に盛りつけます。酢みそを添えれば完成です。

お酢レシピ6

ポン酢

さまざまな料理に使えるポン酢。
手作りのポン酢ならおいしさも格別!

材料（作りやすい分量）

しょうゆ ････････ 大さじ5
酢･･･････････････ 大さじ1
すだちの果汁 ････ 大さじ2
昆布････5cmに切ったもの

作り方

1. すべての材料をよく混ぜ合わせる。半日以上置いて完成。

さっぱり炊き込みごはん

しょうゆの代わりにポン酢を使えばさっぱり炊き込みごはんができます。細切りしょうがやあさりの水煮を加えるとさらにおいしい。

第4章

ちゃんとおいしい定番料理

〜基本のレシピからアレンジまで〜

合コンとかで得意料理聞かれたら
なんて言うのが一番いいと思う〜？
今までは適当にパスタとか言ってたけど
もうちょっと料理できる感じのがいいかなって思って
やっぱり肉じゃがとか？
えーそれはいかにもすぎない？
じゃあハンバーグとか？
あーシンプルにたまご焼きとか言っても受けそう
やっぱり定番料理だよね〜

得意料理かぁ…
確かに聞かれると困るなぁ
しいて言えば塩焼きそばだけど…
いたってフツーの
…
30代独身女性としてはしょぼすぎるか
定番料理チェックしておかなきゃ
フムフム やっぱそうだよね

フン
フフーン
トン
トン
今日は親子丼よぉ〜
見た目はまぁまぁおいしそう…
いただきまーす
ぱく
うん今日は、ふつう？
もぐ
もぐ
私には最初レシピをざっと見たら、あとは大体で作ってしまうクセがあるのだ
なので毎日味が安定しない…

しかも定番料理って今までの適当な自己流のクセがついちゃってるから
よくわからない料理も多いし
作るものみな基本適当
これじゃいつまでたっても上達しないよね～
でも大丈夫 私には強い味方が！
まずは定番料理から教えてもらおっと
料理修業3日目
というわけでよろしくお願いします！
じゃあ、まずはおいしいごはんの炊《た》き方からやってみましょうか

ごはんを炊《た》く
これができなきゃはじまらないまずは、ごはんを炊いてみましょう！
ふっくらちょい固めが好きです
お米
ごはんって炊き方で味もだいぶ違ってきますよね～
やっぱり最新の炊飯器だと、おいしく炊けるんですかね～
遠赤外線土鍋炊き
買って8年ものの炊飯器
ポイントを押さえれば今ある炊飯器でも充分おいしく炊けるんですよ
ポイント①
力を入れすぎずに研《と》ぐ
よく、ゴシゴシと力強く研ぐ人がいますがその必要はありません
ゴシ
ゴシ
強すぎるとお米が割れちゃいそう…

今は精米技術もしっかりしているので、研ぐというよりも洗うイメージでいいんです
やさしくこすり合わせて
しゃっ
しゃっ
ポイント② しっかり吸水させる
それから研いだ後しっかり水を吸収させてください
30分
ここを省略しちゃうと炊き上がりに差がでちゃうんですよね
おなかすいてると、つい省略しがち…
芯が残った感じに
これで、均一に炊けたつやつやのごはんになります
ホワァ
ごはんがおいしいとそれだけでしあわせ

Standard Recipe

おいしいごはんの炊き方

おいしいごはんの条件は一粒一粒が
つややかでふっくら炊き上がっていること!

材料（2合分）

米‥‥‥‥‥‥‥‥‥‥‥‥‥‥ 2合
水‥‥ 2カップ（400mℓ）

※2合は茶碗約4杯分です。

作り方

1 最初の水を捨てる

米を計量し、炊飯器の釜に入れる。糠《ぬか》の臭いを米が吸収してしまうのを防ぐため、研ぎ始めて1回目の水は注いだらすぐに捨てる。

2 米を洗う

米は「研ぐ」というよりも「洗う」イメージで力を入れすぎないこと。両手でこすり合わせるように洗うとよい。

アレンジレシピ

土鍋ごはん

材料（3合分）

米 …………………………… 3合
水 …………………………… 550mℓ

※3合は茶碗約6杯分です。

作り方

1. 米は洗って30分～1時間くらい吸水させる。
2. 土鍋に米と水を入れ、強火で炊き始める。
3. 沸騰したら、弱火にして15分炊く。
4. 火からおろして、10分ほど蒸らして完成。

土鍋の扱い方

土鍋はしまう前によく乾かしましょう。土でできているので、水分がこもりやすく、カビの原因になります。また、土鍋を使用する前は、必ず鍋底が濡れていないか確認しましょう。濡れているとひび割れの原因になります。

おこげごはんにしょうゆとおかかを混ぜて作る「おこげおにぎり」も楽しめます！

3 水を流す

再び水を注ぎ、軽くかき混ぜたら水を捨てる。❷と❸を3～4回繰り返す。水が透明になってきたら洗い終わり。

4 浸水《しんすい》させる

水をよく切り、計量した水を入れる。そのまま30分ほど置いて浸水させる。水を吸収させると炊き上がりの米がふっくら仕上がる。

5 ざっくりと混ぜる

炊飯器にセットし、炊く。炊き上がったら、しゃもじで米をつぶさないようにざっくりと混ぜる。

Standard Recipe

おにぎり

お弁当に欠かせないおにぎり。
おいしさの秘訣は素材のおいしさ!

材料 (2個分)

ごはん	2膳分
梅干し	2個
塩	適量
のり	1/8枚
漬け物など	適宜

混ぜ込みおにぎりも!

小さく切ったチーズとかつお節を混ぜ、しょうゆを加える「チーズ&おかか」などもおすすめ。

作り方

1 梅干しを入れる

ごはんを1膳分茶碗によそい、真ん中に穴を開けて種を取った梅干しを入れる。こうするとおにぎりの中心に具がくるようになる。

2 手のひらにのせる

手のひらを水で濡らし、塩をまぶしてごはんをのせる。具を包むように丸く形を作っていく。

3 三角に握る

写真のように右手で山を作り、左手で下を支えるようにしながら横に回転させ、三角に握っていく。力を入れすぎないのがポイント。

4 表面に塩をつける

手のひらにさらに塩をつけ、おにぎりの表面に塩をつけていく。のりを巻き、漬け物を添える。

Standard Recipe

酢飯

手巻き寿司やちらし寿司の基本!
おいしい酢飯の作り方を覚えて。

材料（2合分）

	ごはん	2合分
A	酢	大さじ3
A	砂糖	大さじ2
A	塩	小さじ1/4

作り方

1 Aを合わせる

Aを合わせておく。砂糖が溶けるようにしっかり混ぜる。

2 Aを回しかける

ごはんは飯台、またはバットの上に出し、全体にAを回しかける。

3 切るように混ぜる

ごはんをしゃもじで混ぜる。ごはんの粘り気がでないように切るように混ぜるのがポイント。

ごはんは固めに炊くとベチャッとしにくくなります。

4 冷ます

うちわなどであおぎ、ごはんを冷まして完成。

みそ汁を作る
ごはんのおともといえば、おみそ汁ですよね
ですね～
でもそういえばきちんとしたおみそ汁の作り方って気にしたことないかも
お湯をわかし
具をほうりこみ
ボチャ
ボチャ
だし入りみそをとく
かなり適当
ポイント① 具を入れるタイミングに注意
食材の風味や食感がそこなわれるのを防ぐため
みそ汁の具は食材によって入れるタイミングを変えましょう
大根
かぼちゃ
玉ねぎ
ほうれん草
豆腐
しめじ
油あげ
わかめ

根菜類はみそを入れる前のだし汁で煮る
しっかり火を通して
葉物類 豆腐はみそを入れた後に加える
煮込まない
お湯をわかす
だし汁を作る
しじみやしめじも前
みそを入れる
わかめ 卵は後
完成！
特に豆腐はみそを入れた後に煮ると固くなってしまいます
ポイント② みそは煮立てない
火を弱めてからみそを入れる
カチ
煮立てるとみその風味が損なわれてしまいます
気をつけて下さいね
きちんと作ると全然違いますね
この味の奥ゆきが風味…

Standard Recipe

だしのとり方

だしはみそ汁をはじめ、和食の基本となるもの。
素材の味を生かしつつ、臭《くさ》みや苦味を出さないことが大切。

煮干し

イワシをはじめ、アジやトビウオなどの魚を煮てから乾燥させたのが煮干し。濃いだしが取れるのでみそ汁にぴったりです。

材料（作りやすい分量）

煮干……30〜40g（約20本くらい）
水……1800mℓ

※だしは時間のある時に多めに作って冷凍保存もできます（P147参照）。ここでは多めの分量です。

作り方

1 頭とはらわたを取る

頭やはらわたには苦味や生臭さがあります。

煮干しの頭とはらわたを取る。はらわたは手で煮干しの腹を割《さ》いて取り出す。

2 しばらく置く

鍋に水と❶を入れ、そのまま20分ほど置いてなじませる。その後、中火にかける。

3 あくを取る

煮立ったら弱火にし、あくをすくい取る。そのまま10分ほど煮出す。

4 煮干しを取り出す

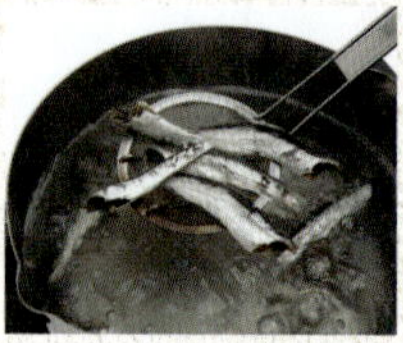

網じゃくしを使い、煮干しを取り出す。

5 こす

ボウルにザルをのせ、その上にキッチンペーパーを敷き、だし汁をこす。

完成！

昆布 ＋ 削り節

昆布の上品な風味に削り節のうま味が加わっただし。さまざまな料理に使える万能だしです。削り節はかつお節以外にさば節もあります。

材料（作りやすい分量）

昆布	15㎝くらい
削り節	30g
水	1800㎖

※だしは時間のある時に多めに作って冷凍保存もできます（P147参照）。ここでは多めの分量です。

作り方

1 昆布をふく

昆布は乾いたふきんやキッチンペーパーで軽くふき、表面の汚れを落とす。

2 水から入れる

鍋に水と昆布を入れ、30～60分ほどつけておく。

3 昆布を取り出す

中弱火にかけ、フツフツと湧いてきたら昆布を取り出す。煮出すと昆布の粘り気が出てしまうの注意。

4 削り節を入れる

煮立たせると渋みが出てしまうので注意！

沸騰したら削り節を加え、すぐに火を止める。

5 自然に沈むのを待つ

混ぜたりせず、削り節が自然に沈んでいくのを待つ。

すべてが沈んだらこすタイミングのサイン。

6 こす

ボウルにザルをのせ、その上にキッチンペーパーを敷き、だし汁をこす。

完成！

二番だしも活用しよう

上記の方法でとっただしを「一番だし」といいます。昆布や削り節に、さらに半分程度の水を加えて煮出したものを「二番だし」といいます。煮物など、しっかり味をつけるものは二番だしでも十分です。

Standard Recipe

豆腐とわかめのみそ汁

煮込まずにできる即席みそ汁は
忙しい朝にぴったり!

材料 (2杯分)

乾燥わかめ	大さじ1
絹豆腐	100g
だし汁	400mℓ
みそ	大さじ2

作り方

1 材料の下ごしらえをする

乾燥わかめは水に浸《ひた》して戻す。絹豆腐は手のひらにのせ、1cm角に切る。

2 みそを溶き入れる

鍋にだし汁を入れて火にかけ、煮立ったら火を弱め、みそを溶かしながら入れる。

3 豆腐を入れる

みそが溶けたら豆腐を入れる。

4 わかめを加える

水気を切ったわかめを加えてひと混ぜし、火を止めたら器に盛って完成。

薬味でアレンジを

定番のわかめと豆腐のみそ汁ですが、薬味を加えることで違った味わいになります。長ネギ、万能ネギ、ミョウガなどがおすすめです。

Standard Recipe

大根と油あげのみそ汁

だしが染み込んだ油あげと
あっさりした大根がよく合う定番みそ汁!

材料（2杯分）

大根	80g
油あげ	1/2枚
だし汁	400mℓ
みそ	大さじ2
万能ネギ	適量

作り方

1 材料の下ごしらえをする

大根は5mmくらいの厚さのいちょう切りにし、油あげは熱湯をかけて油抜きし、短冊切りにする。万能ねぎは小口切りにする。

2 大根を煮込む

鍋にだし汁を入れて火にかけ、煮立ったら大根を入れて中火にする。

3 みそを溶き入れる

大根に火が通ったら、火を弱めてみそを溶き入れる。

4 油あげを入れる

油あげを加えてひと混ぜし、火を止めたら器に盛って万能ネギをのせたら完成。

漬け物をつける
あまり野菜も上手に利用できる漬け物を作りましょう
自分で漬けちゃうなんてなんか料理上級者って感じ~
ポイント① 身近なものを重しにして
あっでも漬け物石がないです
売ってるの？ それとも川で拾ってきたり？
大丈夫 身近な物で代用できるんですよ
それは水を入れたペットボトル！漬けたいものを袋に入れてのせるだけ！
まんべんなく重さがかかるように平らなものを置いて
(タッパーのフタとか)
シャキーン

ポイント② 塩分の加減を覚える
漬け物は だんだん味が 濃くなっていくので 最初の塩加減が 大事です
すぐ 味見できない ですもんね～
基本は 野菜の重量の 2％
野菜が 100g なら
小さじ ½弱 2g
あとは 少しずつお好みで アレンジして くださいね
切り方によって 食感も 変わるので 楽しいですよ！
輪切り
乱切り
半月切り
さっそく 作ってみます
あまり野菜が たくさんあったはず

Standard Recipe

野菜の浅漬け

思い立ったらすぐにできるのが浅漬け。いろいろな野菜で作ってみて!

材料

(作りやすい分量)

きゅうり ········ 2本
塩··············約4g
(野菜の重量の2%が基本)

残り野菜を活用して

浅漬けは、さまざまな野菜で作ることができます。にんじん、白菜、なすなど冷蔵庫にある野菜で作ってみましょう。

作り方

1 きゅうりを切る

きゅうりはヘタを落とし、1.5cmくらいの厚さの輪切りにする。

2 保存袋に入れて混ぜる

保存袋に1と塩を入れ、袋の外から手でもんでよく混ぜる。袋から空気を抜いてきゅうりが重ならないようにする。

3 重《おも》しをのせる

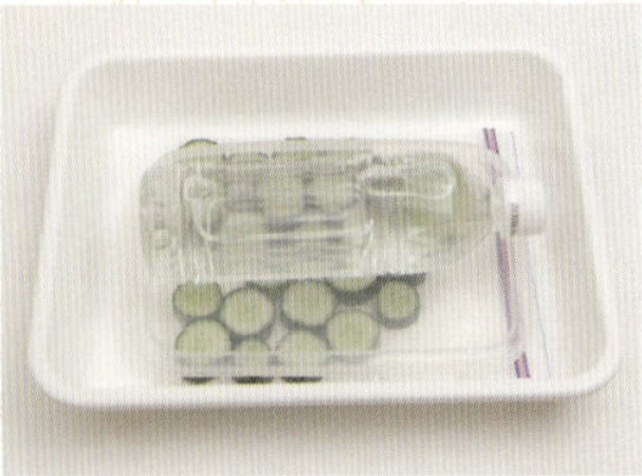

バットと保存容器のふたなど平らなもので挟んで重しをする。漬物石がない場合は水を入れたペットボトルなどで代用できる。2〜3時間置いたら完成。

浅漬けアレンジ❶
キャベツの浅漬け

シャキシャキとした歯ごたえがおいしい キャベツの浅漬け!

塩昆布は塩気とともに昆布のうま味も出すことができるので便利です。

材料
(作りやすい分量)

キャベツ	4枚
塩昆布(市販)	10g
みりん	大さじ1
酢	小さじ1
塩	少々

作り方

1. キャベツはザク切りにし、ビニール袋等に入れる。
2. ❶に塩昆布と調味料すべてを入れてなじませ、空気を抜いて冷蔵庫で20分ほど漬ける。

浅漬けアレンジ❷
きゅうりのめんつゆ漬け

定番きゅうりの浅漬けの 味つけを変えて。

材料
(作りやすい分量)

きゅうり	2本
しょうが	1/2片
めんつゆ	大さじ3〜4

作り方

1. きゅうりはヘタを落として1.5cmくらいの厚さの輪切りにする。しょうがは細切り。
2. 保存袋に材料をすべて入れ、重しをのせて2〜3時間漬ける。

ハンバーグ
さぁ、いよいよ定番料理を作っていきましょう！
トップバッターはハンバーグです！
わーい
自分で作るとなんだか固くなっちゃうんですよね～
なんかボロボロに
大丈夫 ポイントを守れば同じ材料でもびっくりするほどおいしくなりますよ
ポイント① 玉ねぎを冷ましてから混ぜる
炒めた玉ねぎはしっかり冷ましてから入れましょう
混ぜているうちにひき肉にも火が通ってしまって肉汁が出てしまう
…
仕上がりパサパサに

ポイント② しっかりと練る
ハンバーグのタネを練る時は、粘りが出るまでしっかりと！
はい！
こね こね
練りが足りないと焼き縮みが激しく、ひび割れの原因になります
肉汁がでてしまう
じゅわー
うまみ
うわ～それはもったいない
ほんのちょっとの手間で大きな違いが出るんですね
そうそう、ちょっとしたことなんです
基本ができればアレンジ自在ですよ
わっせ わっせ

Standard Recipe

ハンバーグ

ふわふわ&ジューシーな絶品ハンバーグは
丁寧にタネを作るのがコツ!

材料 (2個分)

	玉ねぎ	1/2個
	サラダ油	小さじ2
	合いびき肉	250g
A	パン粉	大さじ3
A	牛乳	小さじ4
B	塩・こしょう	少々
B	ナツメグ	少々
B	溶き卵	1/2個分
	サラダ油	大さじ1
	ケチャップ	大さじ1
	ウスターソース	大さじ1/2
	付け合せの野菜	適量

作り方

1 玉ねぎを炒める

玉ねぎはみじん切りにする。熱したフライパンにサラダ油(小さじ2)をひき、玉ねぎが透き通る程度まで炒めて冷ましておく。Aは合わせて混ぜておく。

❷ タネをよく練る

玉ねぎをしっかり冷ましておかないと、ひき肉が加熱されて肉汁が出てしまいます。

ボウルに合いびき肉、❶で炒めた玉ねぎ、A、Bを加えて粘りが出るまでよく練る。練りが足りないと焼いた時にひび割れし、肉汁が出てしまうのでしっかりと。

❸ 形を整える

❷を半分に分け、楕円形《だえんけい》に成形していく。焼くと真ん中部分がふくらんでくるため、真ん中を指で少しへこませておく。

❹ 両面に焼き色をつける

熱したフライパンにサラダ油(大さじ1)をひき、❸を両面焼き色がつくまで中火で焼く。

❺ ふたをして焼く

弱火にし、ふたをして焼く。竹串を刺してみて、肉汁が透明になれば火が通っているので、皿に盛りつける。

❻ ソースを作る

❺のフライパンにケチャップとウスターソースを入れて混ぜてソースを作る。

フライパンに残った肉汁も一緒にソースにすることで、肉のうま味が溶け込んだおいしいソースになります。

❼ 付け合せを盛りつける

皿に盛ったハンバーグにソースをかける。添え野菜を置いて完成。

アレンジレシピ

煮込みハンバーグ

材料 (2個分)

ハンバーグの材料

※ケチャップ・ウスターソースは必要なし

C	赤ワイン	200mℓ
	ケチャップ	大さじ4
	ソース	大さじ2
	バター	10g

作り方

❶ プロセス4まではハンバーグと同じ。

❷ プロセス4のフライパンにCを入れ、ソースが半量くらいになるまでふたをして煮込む。時々ふたを開け、ハンバーグにソースをかける。

❸ 皿に盛り、好みの添え野菜を盛りつけて完成。

野菜炒め
次はシンプルな野菜炒めを作ってみましょう
野菜炒めって普段一番よく作る料理かも
ていってもホント炒めるだけだけど
でも水っぽくなっちゃうことが多いんですよね
へにょ〜
コツをおさえれば大丈夫！シャキッとおいしい野菜炒めを作っていきましょう
ポイント① 材料の大きさをそろえる
これはほかの料理にも言えることですが火の通りを均一にするために大きさをそろえることが大切です
固すぎ
柔らかすぎ
なんてことのないように！

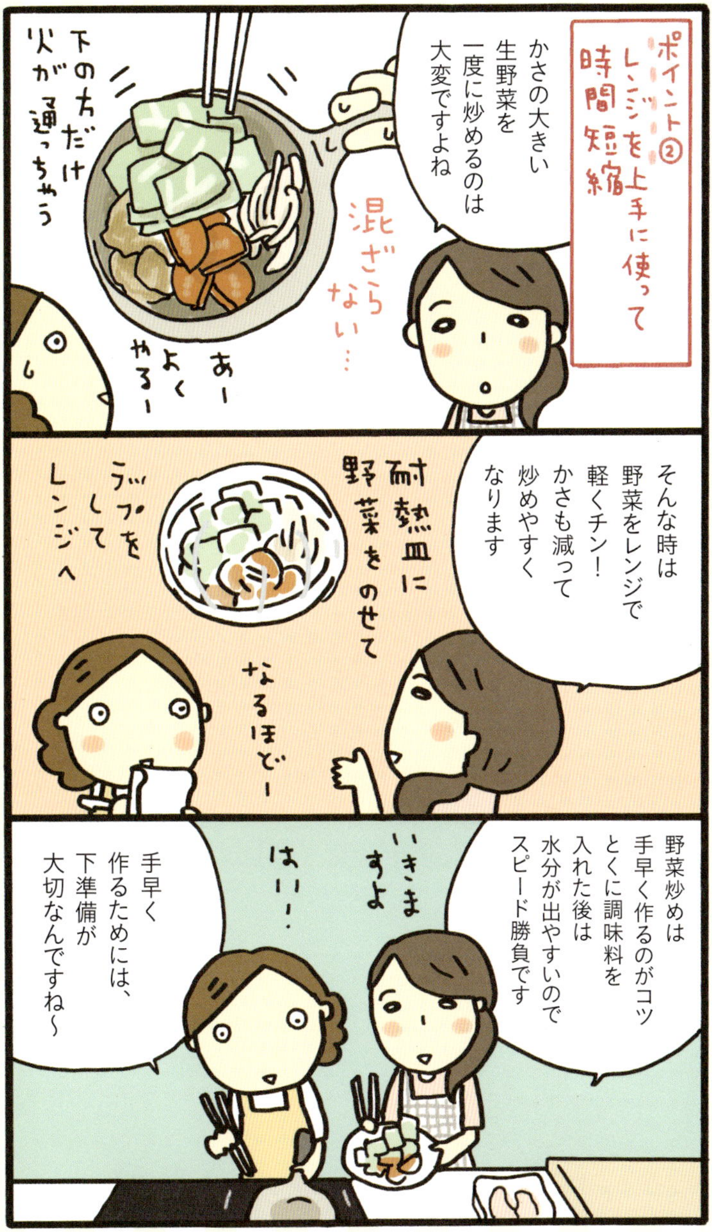
ポイント② レンジを上手に使って時間短縮
かさの大きい生野菜を一度に炒めるのは大変ですよね
混ざらない…
下の方だけ火が通っちゃう
あーよくやるー
そんな時は野菜をレンジで軽くチン！かさも減って炒めやすくなります
耐熱皿に野菜をのせて
ラップをしてレンジへ
なるほどー
野菜炒めは手早く作るのがコツ とくに調味料を入れた後は水分が出やすいのでスピード勝負です
いきますよ
はい！！
手早く作るためには、下準備が大切なんですね～

野菜炒め

野菜のシャキシャキ感を生かすために
炒めすぎず、手早く作って。

作り方

1 野菜を切る

キャベツはザク切りにする。にんじんはたて半分に切り、2〜3㎜の斜め薄切り、ピーマンはヘタと種を取り、たて1㎝幅に切る。

2 豚こま切れ肉に下味をつける

豚こま切れ肉は塩・こしょうと酒をふる。

材料（作りやすい分量・2人分）

キャベツ	1/6〜1/4個
にんじん	1/4本
ピーマン	1個
豚こま切れ肉	100g
もやし	1/2袋
サラダ油	大さじ1
塩・こしょう	少々
酒	小さじ1
しょうゆ	小さじ2

3 豚こま切れ肉をよくもむ

下味をつけた豚こま切れ肉は、手でよくもんで味をなじませておく。

4 野菜をレンジで加熱する

キャベツとにんじん、もやしは耐熱皿に入れてふんわりとラップをし、電子レンジ（500Wで1分30秒）で加熱。こうすることで、火の通りのムラを防ぐことができる。

5 豚こま切れ肉を炒める

熱したフライパンにサラダ油をひき、豚こま切れ肉を炒める。

6 野菜を加えて炒める

豚こま切れ肉の色が変わったら、ピーマンと水気を切った4を加えて炒める。

7 調味料を加えて炒める

塩・こしょうをふり入れて混ぜ、しょうゆを回し入れて炒め合わせる。

アレンジレシピ

あんかけ野菜炒め

材料（作りやすい分量・2人分）

野菜炒めの材料

A
- 水……………………150mℓ
- 酒…………………大さじ1
- がらスープの素（顆粒）……………小さじ1/2〜1

水溶き片栗粉………………適量

おろししょうが…………小さじ1/2

作り方

1. プロセス7まで野菜炒めと同じ。
2. 野菜炒めを皿に盛りつける。フライパンにAを入れて混ぜ、煮立ったら火を弱めて水溶き片栗粉を入れる。
3. とろみがついてきたらおろししょうがを加えて混ぜ、野菜炒めにかける。

オムライス
次はオムライスです
オムライス！私、わりと得意料理です
やっぱり卵を上手に包むところがポイントですよね！
悲しい失敗例
包めなくて上に卵をのせてしまう…
ちゃんと包めるようになりましょう！
ポイント① 卵はほぐしすぎない
卵を力いっぱい混ぜてしまうと、卵のコシがなくなってふんわり感が損なわれてしまいます
泡立てNG!
卵白が少し残るくらいでSTOP!

ポイント② 下のほうが固まったら火からはずして
卵はどんどん火が通ってしまうので、下のほうが固まったら火を消しましょう
上は半熟の状態
ふっ
ふっ
チキンライスを置いたら卵の様子を見ながら慎重に！
ここは慎重に
よっ
よっ
何度も作るうちにタイミングがつかめてきます！
最後はおもいきりよく
ホイ
ぐしゃ

Standard Recipe

オムライス

ふわふわの卵と鶏肉のうま味たっぷりの
チキンライスが相性抜群!

作り方

1 ごはんを炊飯器から出す

ごはんを炊飯器から出し、しばらく置いて水分を飛ばす。

炊飯器から出してすぐのごはんは湿気が多く、チキンライスがべったりしてしまいがちです。

2 玉ねぎと鶏肉を切る

玉ねぎは5㎜角の大きさに切る。鶏肉は1㎝に切る。

3 玉ねぎと鶏肉を炒める

熱したフライパンにバターを溶かし、❷を入れて炒める。

材料（2個分）

	ごはん	400g
	玉ねぎ	1/2個
	鶏もも肉	1/3枚
	バター	10g
	塩・こしょう	少々
	ケチャップ	大さじ3
A	卵	6個
A	牛乳	大さじ3
A	塩	少々
	サラダ油	小さじ2
	添え野菜	適宜

4 ケチャップを加える

鶏肉の色が変わってきたら、塩・こしょう、ケチャップを加えて混ぜる。ごはんを入れた後だとムラになりやすいのでこの段階で調味料を入れておくとよい。

5 ごはんを加える

④に①のごはんを入れて中弱火にし、全体になじむように混ぜる。混ざったら火を止め、別容器に移しておく。

6 卵を入れ大きく混ぜる

ボウルにAを加えて混ぜ、熱したフライパンにサラダ油をひいて、Aの半量を流し入れる。外側から内側に向かって大きく混ぜる。

7 チキンライスをおく

下側の卵が固まり、上が半熟くらいの状態で火から下ろす。⑤のチキンライスの半量を卵の真ん中におく。

8 チキンライスを包む

フライパンを45°くらい傾け、手前の卵をチキンライスに折り込みながら向こう側に送り包む。皿に盛り、ケチャップ（分量外）と野菜を添える。

アレンジレシピ

チーズソース オムライス

材料（作りやすい分量・2人分）

オムライスの材料

B
- 牛乳……………80mℓ～100mℓ
- 白ワイン……………大さじ1
- 片栗粉……………小さじ1/2

ピザ用チーズ……………80g

パセリ……………適量

作り方

① プロセス8まではオムライスと同じ。

② 鍋に合わせたBを加えて混ぜ、煮立ってきたらピザ用チーズを2～3回に分けて混ぜながら加える。

③ オムライスに②をかけ、刻んだパセリをふって完成。

カレーライス
みんなが大好きなカレーを作りましょう
わーい
おいしいカレーが作れる女性ってポイント高いですよね
カレーは失敗が少ないですが、ちょっとの工夫で差がつきます
ほほう
私の作るカレーってなんかいつも『普通』で…
トン
トン
ポイント① 玉ねぎをしっかり炒める
薄切りにした玉ねぎは茶色く色づくまでしっかり炒めましょう
甘味がでます
けっこう根気が必要
ジュー
ジュー

ポイント② 肉を炒めて隠し味をプラス
肉は煮込む前に軽く焦げ目がつくくらいに炒めてください
うま味をとじこめます
ジュー
この状態で食べちゃってもおいしそう～
いいにおい
そして隠し味に赤ワインを！香りと酸味をプラスさせるとともにお肉を柔らかくしてくれるんですよ
ジュワー
安いものでOK
ちょっと味見
素材の甘味やうま味を引き出してから煮込むってことが大切なんですね
わくわく
ぐつ
ぐつ
その通り！基本をマスターしたらいろいろなアレンジを試してみてください！

Standard Recipe

カレーライス

素材の味を引き出しながら煮込むことで
いつものカレーがよりおいしく!

作り方

1 材料の下ごしらえをする

玉ねぎは2〜3㎜の薄切り、にんじんとじゃがいも、豚肉は一口大に切る。豚肉は塩・こしょうで下味をつけておく。

2 玉ねぎを炒める

鍋を熱してサラダ油をひき、玉ねぎを茶色く色づくまでしっかりと炒める。

材料 (2皿分)

玉ねぎ		1個
にんじん		1/2本
じゃがいも		2個
豚肉		120g
塩・こしょう		少々
サラダ油		適量
赤ワイン		大さじ3
A	水	600㎖
	コンソメ(固形)	1個
カレールウ		1/2箱
(カレールウの種類によって量は異なります)		
ごはん		400g

③ 豚肉を炒める

赤ワインは香りと酸味を加え、肉を柔らかくしてくれる効果があります。

熱した別のフライパンにサラダ油をひき、豚肉を強火で表面に焼き色がつく程度に焼き、赤ワインを加えてアルコール分をとばす。

④ 野菜を炒める

❷にじゃがいも、にんじんを加え、全体に油がまわるように炒める。

⑤ 炒めた肉を加える

肉を別のフライパンで炒めることで素材の味が生きます。

全体に油がまわったら❸の豚肉を汁ごと加えて混ぜる。

⑥ 煮込んであくを取る

Aを加えて煮込み、あくを取る。煮立ったら弱火にして20分くらい煮る。

⑦ ルウを加える

じゃがいもやにんじんに火が通ったのを確認したら、火を止め、ルウを加えて溶かす。グツグツと湧いた状態でルウを入れるとうまく溶けないので、火を消してから入れること。

⑧ 再び火にかける

再び弱火にかけ、とろみがついたら皿に盛ったごはんにかけて完成。

アレンジレシピ

シチュー

材料（2皿分）

カレーの材料

※ごはんは必要なし

※赤ワインを白ワインに変える

※水を400mlにする

牛乳 …………………… 100ml

シチュールウ …………… 1/2箱

（シチュールウの種類によって量は異なります）

作り方

❶ プロセス6までカレーライスと同じ。

❷ じゃがいもやにんじんに火が通ったら、牛乳を加える。

❸ 煮立ったら火を止め、シチュールウを溶かし入れる。再び火にかけ、とろみがついたら皿に盛る。

ラタトゥイユ
次はカフェごはんの定番、ラタトゥイユです
ラタトゥイユ
なんかオシャレメニューって感じですね～
言いにくいとこがまた
パンやワインにもよく合うので、おもてなしにもいいですよ。
それに結構簡単なんです。
わー
わーぜひ教えてください
ポイント① 煮崩れのしやすさで大きさを変える
煮崩れしやすい材料は大き目に切るようにしましょう
パプリカは少し小さく
ナス、ズッキーニは少し大きめに

煮込んだ後もそれぞれの食感が楽しめるほうがいいですよね。
煮込む時はつぶさないように注意して
ジュー
ジュー
ざっくりと混ぜて
ポイント② ホールトマトは手でつぶして
食感をよくするためと、トマトの中の、果肉と果汁を混ざりやすくするためホールトマトは手でつぶしましょう
トマトの食感をほどよく残す
手でやるとほどよく残せますねー!
ラタトゥイユはパスタにしたりお肉にのせたりいろいろなアレンジができるんですよ〜
オシャレで野菜もばっちりとれますねー

ラタトゥイユ

野菜をたっぷり食べられるラタトゥイユは
素材の食感を残すのがポイント!

作り方

1 材料を切る

玉ねぎ、パプリカは1.5㎝角に切る。煮崩れしやすいズッキーニとなすは食感を残すため2㎝角に切り、なすはあくを抜くため水にさらしておく。

材料 (2〜3人分)

玉ねぎ	1個
パプリカ	1/2個
ズッキーニ	1本
なす	1本
にんにく	1片
トマト水煮缶	1缶
オリーブオイル	小さじ2
塩	適量
白ワイン	大さじ2
はちみつ	小さじ2

6 白ワインを加える

軽く塩をふり、白ワインを加えてさらに混ぜる。

7 煮込む

❸のトマトの水煮缶を加え、煮立ったら、弱火にしてはちみつを入れ、15分ほど煮込む。塩を加えて味を調えたら完成。

アレンジレシピ

ラタトゥイユのスープパスタ

材料（2皿分）

ラタトゥイユの材料

パスタ	150g
水	500mℓ
コンソメ	小さじ2（固形なら1個）
塩	適量
オリーブオイル	少々

作り方

❶ プロセス7までラタトゥイユと同じ。
❷ 塩を加えた熱湯でパスタをゆでる。
❸ ラタトゥイユに水とコンソメを加えて温める。
❹ ❸にオリーブオイルと塩を加えて調味し、ゆで上がったパスタにかけて完成。

2 にんにくを切る

にんにくは粗いみじん切りにする。

3 トマト缶をつぶしておく

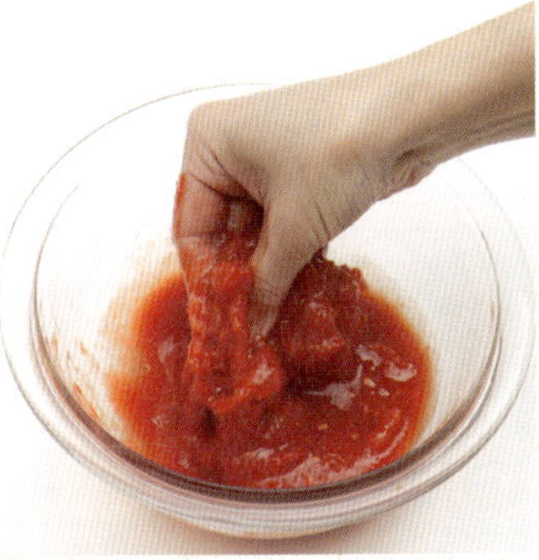

ホールタイプのトマト缶は、手でつぶしてトマトの食感をほどよく残す。

4 にんにくを炒める

温めた鍋にオリーブオイルをひき、❷のにんにくを風味がしてくるまで炒める。

5 野菜を炒める

❹に❶の野菜を入れて炒める。つぶさないように炒めながらざっくりと混ぜる。

ぎょうざ
アツアツがおいしいぎょうざを作ってみましょう
は〜いおかずにもおつまみにもいいですね〜
私調べでは得意料理を聞かれたら『ぎょうざ』と言うと好感触！というデータがあります
親しみやすい感じと料理やってそうな感じがするという点で
へ、へぇ
モテ
ポイント① キャベツの水気を絞ってから混ぜる
みじん切りしたキャベツをそのまま混ぜると水っぽくなってしまうので
クッキングペーパーやふきんでぎゅっと絞りましょう
塩をふって少しおく
ぎゅっと絞る

ポイント② 皮の形をよく見て
実は市販のぎょうざの皮ってよく見ると、楕《だ》円《えん》形《けい》のものが多いんですよ
言われてみるとそうかな？
ちょっとだけ長い
へー
包む時は、手の平に横長になるようにのせて具をちょっとだけ手前にのせます
ちょっと長い方を横に
具
そして奥側を端から折り込みながらぴったり包んでいきましょう
上手に包めたらあとは焼くだけ！中火で焦《こ》げ目をつけたらじっくり蒸し焼きにしてください
もくもく
集中

ぎょうざ

皮はパリっと、中はジューシーに仕上げたぎょうざは
何個でも食べられるおいしさ!

作り方

1 材料の下ごしらえをする

キャベツはみじん切りにし、ボウルに入れ塩（分量外）をひとつまみ入れて混ぜる。水が出てきたら、ふきんやクッキングペーパーなどで包んで水気を絞る。にらはみじん切りに。Aはよく混ぜておく。

2 よく練る

豚ひき肉、にら、1のキャベツ、Aを合わせ練る。

材料（作りやすい分量・約20個）

	豚ひき肉	100g
	キャベツ	約1/8個（250g）
	にら	20g
	ぎょうざの皮	1袋（約20枚）
A	にんにくすりおろし	1/2片分
A	しょうがすりおろし	1/2片分
A	しょうゆ	小さじ1
A	はちみつ	小さじ1
A	ごま油	小さじ1
A	塩	少々
A	がらスープ（粉末）	小さじ1
	サラダ油	適量
	水（熱湯）	80～100mℓ
	ごま油	少々

3 手のひらに皮をのせる

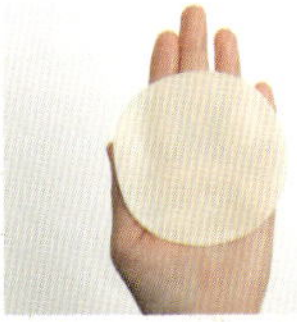

ぎょうざの皮はよく見ると楕《だ》円形《えんけい》をしている。横長になるように手のひらにおく。
※商品によっては真円のものもあります。

少し手前にタネをのせる

真ん中より少し手前にタネをのせる。皮のふちに指で水をつけていく。

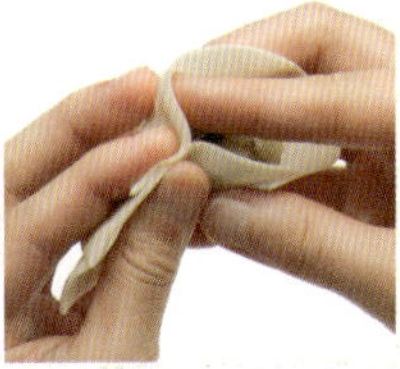

奥側の皮にひだを作る

2つに折り、奥側の皮のふちにひだを作っていく。手前側は折らずにそのまま。

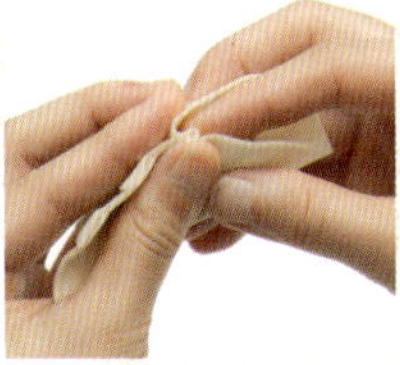

繰り返して閉じていく

奥側にひだを作り、手前の皮と合わせて閉じていく。

しっかり端まで合わせる

端まで繰り返したら、指で合わせ目をしっかりと閉じる。

4 焼き色をつける

よく熱したフライパンにサラダ油をひき、3を並べて焼く。

5 蒸し焼きにする

ぎょうざの表面に軽く焼き色がついたら、熱湯を入れふたをして蒸し焼きにする。

6 ごま油を回しかける

最後にごま油を回しかけ、皿に盛って完成。

アレンジレシピ

水ぎょうざ

材料（約20個分）

ぎょうざの材料
※焼く時に使うサラダ油・ごま油は必要なし

	しょうが	1/2片
	長ねぎ	1/6本
A	しょうゆ	大さじ2
A	酢	大さじ2
A	砂糖	小さじ1
A	ごま油	大さじ1/2

作り方

1. プロセス3までぎょうざと同じ。
2. しょうがと長ねぎはみじん切りにし、混ぜ合わせたAに加える。
3. 鍋にたっぷりのお湯を沸かし、ぎょうざをゆでる。
4. ぎょうざが浮いてきたら皿に取り、2のタレを添えて完成。

鶏の唐揚げ
次は子どもも大人もみんな大好き鶏の唐揚げです
唐揚げ大好き〜
でも、ひとり暮らしだとどうしても揚げ物って敬遠しちゃうんですよね〜
パチパチ
苦手意識
でも、揚げたてを食べられるのは手作りならではですよ！
ポイント① 鶏肉に塩をふって少し置いておく
鶏もも肉を切る前に塩をふってしばらく置きましょう
水分が出るのでふき取ってください

そうすることによって鶏肉の臭《くさ》みを取ってくれます
同時に水分が出た分調味料の味がしみ込みやすくなるんですよ
ほー
お塩ってすごいですよね～
ポイント② 鶏肉は大きめにカット
鶏もも肉は少し大きめにカットすることで食べた時、肉汁がたっぷりでおいしいですよ
1口大よりやや大きめに
揚げる時は落ちついてやれば大丈夫
ひとり暮らしの揚げ物はテフロン加工の小鍋が便利
揚げたて揚げたて
ジュワー
ジュワー

Standard Recipe

鶏の唐揚げ

揚げたてで肉汁たっぷりの唐揚げは
手作りならではのおいしさ!

材料 (作りやすい分量・2人分)

鶏もも肉		1枚
塩		少々
A	にんにくすりおろし	1片分
	しょうがすりおろし	1片分
	酒	大さじ2
	しょうゆ	大さじ1・1/2
	みりん	大さじ1/2
	ごま油	小さじ1
溶き卵		1/2個分
小麦粉・片栗粉		各大さじ1・1/2
揚げ油		適量
レモン		適量

作り方

1 鶏肉の下ごしらえをする

鶏もも肉は塩をふり、10分ほど置き、水分が出てきたらキッチンペーパーなどで拭き取る。こうすることで、水分と一緒に臭《くさ》みが取れ、下味も入りやすくなる。

2 鶏肉を切る

①の鶏もも肉をやや大きめの一口大に切る。やや大きめに切ったほうが食べた時にジューシーな食感になる。

3 下味をつける

Aと合わせて下味をつける。冷蔵庫で30分程度寝かせて味をなじませる。

4 溶き卵を加える

③に溶き卵を加えてよくもみ込む。

5 小麦粉と片栗粉を加える

④に小麦粉と片栗粉を加えてよく混ぜる。

6 180度の油で揚げる

揚げ油を180度に熱し、⑤を揚げる。

7 皿に盛り、レモンを添える

⑥を皿に盛り、レモンを添えて完成。

アレンジレシピ

油《ユー》淋《リン》鶏《チー》

材料（2人分）

鶏の唐揚げの材料
※レモンは必要なし

	長ネギ	5cmくらい
	しょうが	1/2片
	にんにく	1/2片
B	酢・水	各大さじ1
B	砂糖	大さじ1
B	しょうゆ	大さじ1
B	ごま油	大さじ1/2
	ごま	適量

作り方

① プロセス3まで鶏の唐揚げと同じ。
② ①に卵を入れてもみ込み、汁気を切った鶏肉に小麦粉と片栗粉を合わせたものをまぶしつける。180度の油で揚げる。
③ 長ネギ、しょうが、にんにくはみじん切りにし、Bと合わせる。
④ ②の鶏肉に③をかける。ごまをふって完成。

豚のしょうが焼き
定番料理のラストは豚のしょうが焼きです
しょうが焼！ごはんが進みますよね～
ガッツリ食べたい男の人に人気ですよね
ガッツリ食べたい女の人にも人気です！
ポイント① 肉の筋を切っておく
肉は焼くと縮むので筋の部分を切っておくと縮み方が和らぎます
こういうとこで仕上がりに差が
スッ スッ

ポイント②
余分な脂を拭いてからタレを入れる
肉に火が通ったらキッチンペーパーで脂《あぶら》を吸ってからタレを入れます
フライパンにたまっている脂を吸い取って
ジュワー
こうすることでタレが肉になじみやすくなります
あとは肉にからめるようにして焼いてください
焦《こ》がさないように注意して焼いてくださいね
うーん おいしそう
ジュワー

Standard Recipe

豚のしょうが焼き

**ごはんがどんどん進むしょうが焼きは
油をふきながら焼くとしっかり味がつく!**

材料

（作りやすい分量・2人前）

	豚肩ロース肉	6枚
	サラダ油	小さじ2
A	酒	大さじ1
A	砂糖	大さじ1
A	みりん	大さじ1
A	しょうゆ	大さじ1
A	しょうがすりおろし	5g
	レタス・トマトなど	適量

作り方

1 豚肉の下ごしらえをする

豚肩ロースは白い筋の部分に包丁を入れておく。筋を切っておくことで焼いた時に丸まってしまうのを防ぐ。

2 豚肉を焼く

熱したフライパンにサラダ油をひき、豚肉を焼く。余分な脂をたたんだキッチンペーパーで拭き取りながら焼くとよい。

3 タレをからめる

肉の色が変わったら、合わせたAを加えて、肉にからめるようにして焼く。

4 盛りつける

皿に盛りつけ、レタスやトマトを添えて完成。

焼いている途中で出た脂を拭くのは、余分な脂を肉に吸わせないためとタレのからみをよくするためです。

第5章

一品プラスのスピードおかず

〜忙しくてもできる副菜レシピ〜

あ〜
おなかすいたー
ぐー
今日は
ずっと頭の中、
豚の
しょうが焼き
教えて
もらったし
玉ねぎと
からませた
しょうが焼きも
好き〜
トン
トン
ジュワー

わーい
うまくできたー
おいしそう
そうだ
写真
撮っちゃお
ついったーにでも
ピピ
カシャ
・・・
なんか
独身男性が
自炊しました
みたいな
やっぱ
バランス的には
一汁《いちじゅう》二《に》菜《さい》は
欲しいか…
色的にも…
せめておみそ汁
おひたし
サラダ

せめて
あと一品でも
いいんだけど
なにか
お野菜を…
仕事で
疲れると
そうも
いかなくて…
おなか
すいてる
し…
あと、キッチンが狭いから
何品もいっぺんに作るって
いうのが難しいんだよね～
置いとく
とこが
ない～
で、ついつい作るメニューが
ほぼ
一品メニュー
オムライス
やきそば
シチュー
残りもの
炒め

でも手際よく何品も作れるの憧れる～
たくさん作りすぎちゃったかもー
おおーすごいじゃん
料理修業4日目
というわけで、なかなか副菜まで手がまわらなくて…
フムフム
先生なにかいいコツはありますか？
ありますよ～副菜はちゃちゃっと手早くが基本です！
おお

副菜のコツ
確かに、忙しくて疲れてたりすると副菜までは手が回らないですよね
おなかもすいてるし…
そうなんですよね〜
ごはんものや主菜だけだとどうしても野菜が不足しがちなので
副菜1品でもいいからとってほしいですね
理想
メインのおかず
副菜
ごはん
みそ汁
簡単にパパっと作るためのポイントを教えてください
ポイント① 切り方を工夫して時短
食材を大きく切ると火が通るまでに時間がかかります
薄切り
細切り
急いでいる時は火が通りやすい切り方にしましょう

ポイント② レンジを活用する
レンジにかけるだけでできるレシピもたくさんありますよ
同時に調理できる
レンジ調理できるグッズも便利
ポイント③ 味つけのバリエーションを作る
同じ食材でも味つけを変えれば全然違う料理になります
ほうれん草なら
ゴマあえ
ナムル
おひたし
ぽん酢
あまった食材も使えるので便利ですよ〜
一石二鳥ですね
ちょっとできそうな気がしてきました

Side Dish Recipe

タラモサラダ

**たらことじゃがいもの組み合わせがおいしい。
ピンク色がかわいいタラモサラダ。**

材料

（作りやすい分量・2人分）

たらこ		1/2腹
じゃがいも		1個
A	マヨネーズ	大さじ2
A	ヨーグルト	大さじ1/2
A	塩・こしょう	少々
刻みのり		少々

作り方

1 たらこを取り出す

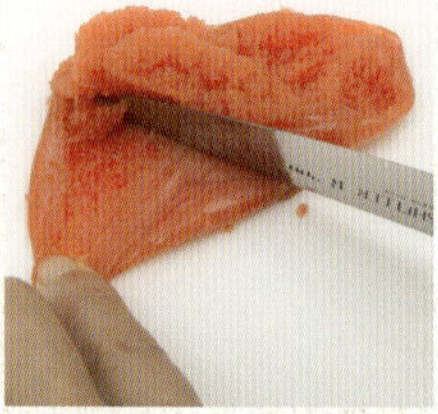

たらこは薄い皮に包丁で切れ目を入れ、包丁の背でしごいて身をとりだしておく。

2 じゃがいもをゆでる

じゃがいもは皮をむいてゆで、熱いうちに潰す。

3 調味料を加える

ボウルにじゃがいもとほぐしたタラコを入れ、Aを合わせて混ぜる。

Point

ヨーグルトでさわやかな酸味を加えます。レモンなどでも代用できます。

4 のりを添える

器に盛りつけ、刻みのりを添えたら完成。

アボカドおかかチーズ

濃厚なクリームチーズとアボカドを
さっぱり和風の味つけにしたアイデアレシピ。

材料
（作りやすい分量・2人分）

	アボカド	1個
	レモン汁	少々
	クリームチーズ	80g
A	しょうゆ	大さじ1
A	わさび	少々
	かつお節	1袋（5g）

作り方

1 アボカドを切る

アボカドは種を取り皮をむき、1.5㎝角に切ってレモン汁をふっておく。

2 クリームチーズを切る

クリームチーズもアボカドと同じ大きさに切る。

3 調味料と和える

ボウルにAを合わせ、❶と❷を加えてざっくりとあえる。器に盛り、かつお節を添えたら完成。

アボカドのむき方

アボカドは真ん中に大きな種が入っています。たて半分に種にぶつかるところまで包丁を入れ、ねじって半分に割り種を取ります。皮は手でむけます。

Point

変色しやすいアボカドは、レモン汁をふることで変色を防ぐことができます。

Side Dish Recipe

ほうれん草としめじのおひたし

だしじょうゆであえる本格的なおひたし。
いつものおひたしがお店の味になります。

材料

（作りやすい分量・2人分）

ほうれん草 ‥‥ 1/2束
塩‥‥‥‥‥‥‥ 少々
しめじ ‥‥‥ 1/2パック
A［だし汁 ‥‥ 大さじ3
　酒‥‥大さじ1・1/2
　しょうゆ ‥ 大さじ1］
かつお節 ‥‥‥‥ 適量

作り方

1 ほうれん草をゆでる

ほうれん草は塩を加えた熱湯でゆで、冷水にさらして水気をしぼる。

Point

塩を入れてゆでるのは、色を鮮やかにするため。冷水にさらすのは、変色を防止するためです。

2 しめじをゆでる

しめじは石づきを取って小房に分け、熱湯でさっとゆでて水気を切る。

3 調味料を加える

ほうれん草を5cmくらいの長さに切り、しめじを合わせてAであえる。

4 かつお節をのせる

器に盛りつけ、かつお節を添えたら完成。

Side Dish Recipe

にんじんのチーズサラダ

ドレッシングにオレンジジュースを加えるのがポイント。
適度な甘さのさわやかなサラダです。

材料

（作りやすい分量・2人分）

- にんじん ……… 1本
- A
  - オレンジジュース ……… 大さじ2
  - 粒マスタード ……… 小さじ1
  - オリーブオイル ……… 大さじ2
  - 塩・こしょう ………… 少々
- カッテージチーズ …………… 大さじ3

作り方

1 にんじんを切る

にんじんは皮をむいてせん切りにする。

2 電子レンジで加熱する

1のにんじんを耐熱皿に並べて、ラップをして電子レンジ（500W）で1分30秒加熱する。
※レンジの種類によって加熱時間は異なります。

3 調味料を加える

Aを混ぜ合わせ、水気を切った2とカッテージチーズを加えてあえる。

4 盛りつける

皿に盛りつけたら完成。

Point

オレンジジュースを使ったドレッシングは、甘みと酸味のバランスがよく、さまざまなサラダに使えます。肉・魚介類などともよく合います。

Side Dish Recipe

もやしとささみのザーサイあえ

ヘルシーなささみを使った中華風あえ物。
ごま油の風味が食欲をそそります。

材料

（作りやすい分量・2人分）

鶏ささみ	2本
塩	少々
酒	小さじ1
ザーサイ（市販）	30g
もやし	1/2袋
万能ネギ	2本
ごま油	大さじ1
しょうゆ	少々

作り方

1 ささみの下ごしらえをする

鶏ささみは塩と酒をふり、耐熱の皿に入れてラップをし、電子レンジ（500W）で2分加熱する。

2 ザーサイと万能ねぎを切る

ザーサイは粗みじんに切る。万能ネギは小口切りにする。

3 もやしをゆでる

もやしはさっとゆで、水気を切る。

4 ささみをほぐす

❶の粗熱が取れたら、手でほぐす。

5 あえる

❸・❹と❷のザーサイをボウルに入れ、ごま油としょうゆであえる。器に盛り、万能ネギを添えて完成。

Side Dish Recipe

チャーシュー豆腐

軽く炙《あぶ》ったチャーシューとネギの風味がたまらない
おつまみにもぴったりの一品!

材料

（作りやすい分量・2人分）

	長ネギ	1/4本
	チャーシュー（市販）	100g
A	オイスターソース	大さじ1/2
A	しょうゆ	小さじ1
A	ごま油	大さじ1/2
A	ラー油	少々
	絹豆腐	1/2丁
	いりごま（白）	少々

Point

白髪ネギは、長ネギを白髪のように細くせん切りにしたもの。長ネギの中心にある黄色い芯を取り除き、外側の白い部分を使います。切ったあと水にさらしてしゃきっとさせておきましょう。

作り方

1 長ネギを切る

長ネギは白髪ネギにする。

2 チャーシューを炙る

チャーシューは軽く炙ってから、7〜8㎜の角切りにする。

3 調味料をあえる

ボウルにAを合わせて、1・2を加えてあえる。ねぎとチャーシューに味が入るようにしっかりあえて。

4 盛りつける

器に盛った絹豆腐に3をのせ、いりごまをふったら完成。

Side Dish Recipe

かぼちゃのバターしょうゆ煮

定番のかぼちゃの煮物もバターを加えることで
いつもと違った味わいになります。

材料

（作りやすい分量・2人分）

かぼちゃ		200g
A	水	200mℓ
A	砂糖	小さじ4
A	しょうゆ	小さじ2
バター		10g
パセリ		適量

作り方

1 かぼちゃを切る

かぼちゃは一口大に切り、切り口が鋭角になっている皮の部分を丸くし面《めん》取《と》りする。

Point

面取りをすると、柔らかいかぼちゃの煮《に》崩《くず》れを防ぐことができます。

2 煮る

鍋にAとかぼちゃを入れて強火にかけ、沸騰したら弱火にし、バターを加えて5〜6分煮る。かぼちゃが柔らかくなったのを確認し、火を止める。

3 盛りつける

器に盛りつけ、パセリのみじん切りを適量散らしたら完成。

Side Dish Recipe

さっぱりコールスロー

市販のものよりあっさりした味わいのコールスロー。
野菜がたくさん食べられます。

材料

（作りやすい分量・2人分）

- キャベツ ‥‥ 1/8個（約150g）
- にんじん ‥‥‥ 1/4本
- 玉ねぎ ‥‥‥‥ 1/4個
- パセリ ‥‥‥‥‥ 1枝
- 塩 ‥‥‥‥‥‥‥ 少々
- A
  - サラダ油 ‥ 大さじ1
  - 砂糖 ‥‥ 小さじ1/2
  - 酢 ‥‥‥‥ 小さじ2
  - マヨネーズ ‥‥‥‥ 小さじ1

作り方

1 野菜を切る

キャベツとにんじんはせん切り、玉ねぎは薄切り、パセリはみじん切りにする。

2 塩もみする

余分な水分がでて味が染みやすくなります。

ボウルにパセリ以外の野菜を入れ、塩をふって塩もみする。

3 調味料をあえる

別のボウルにAを合わせて混ぜ、水気を絞った②とパセリを加えてあえる。

Point

塩もみした野菜からは水分が出るので、しっかり水気を絞りましょう。水気が多いと味が薄くなってしまいます。

4 盛りつける

器に盛りつけたら完成。

Side Dish Recipe

ホタテと梅のカルパッチョ

さっぱりした梅ダレでいただくカルパッチョ。
刺身用のホタテで作ってみてください。

材料

（作りやすい分量・2人分）

	ホタテ（貝柱・刺身用）	6個
	しそ	3枚
A	梅干	1個
A	砂糖	小さじ1
A	酢	大さじ1
A	オリーブオイル	大さじ1

作り方

1 ホタテを洗う

ホタテは塩水（分量外）で洗って生臭さを取る。

2 ホタテとしそを切る

1のホタテを横半分に切る。しそはたて半分に切ってから、さらに半分の長さに切る。

3 Aを合わせる

Aの梅干しは種をはずして、包丁で細かく刻んでたたいておく。Aの調味料と梅干しを混ぜ合わせる。

4 盛りつける

皿にホタテとしそを交互にならべ、3を回しかけたら完成。

ホタテ以外にも、いろいろな魚介の刺身でアレンジできます。

第6章

冷凍&ストックおかず

～保存の基本と常備菜レシピ～

うん、仕事でちょっと遅くなっちゃったけど
今から帰ります〜
晩ごはんはどうするの？
母
あっ自分で買ってくので大丈夫
おかまいなくー
ただいま
おかえり〜変わりない？

ドーナツ買ってきたよー
あら
ハァ おなかすいた
おみそ汁はあるけどー
あ、ありがとー
はい おみそ汁
トン
あとは…残りものだけど
トン
トン

おぉ〜
あっという間に
食卓が
華やかに
さすが実家
でもこういう風に
常備菜《じょうびさい》が
あるのって
便利でいいな〜
私の場合
自炊しようと思って
食材を買っても
一週間分
これで
節約
だー
結局作るのめんどうで
つい、食材を
悪くさせちゃったり
することも多くて

あれよね、休みの日とか時間がある時に
多めに作って
下ごしらえして保存しといたり
常備菜作っておいたりすると
あとは炒めるだけ
きっと毎日の自炊がラクになる！
ま、それが私にできればの話だけど…
あんまり自信ない…
料理修業5日目
じゃあ、まずは冷凍テクを学んでさらに日持ちするレシピを覚えましょうか！
よろしくお願いします〜

冷凍の基本
森下さん家の冷凍庫ってどんな感じですか？
ギク
そうですね〜 とりあえず冷凍しとこうって感じのものが詰まってるというか…
とにかくギュウギュウです
…
へへへ
…もしかしたら買ってきたまま冷凍してしまったりいつ冷凍したかわからなくなってしまったものばかり詰まってませんか？
鶏肉なのか豚肉なのかわからない肉
しらす
パックのまま冷凍
ギク
ギク

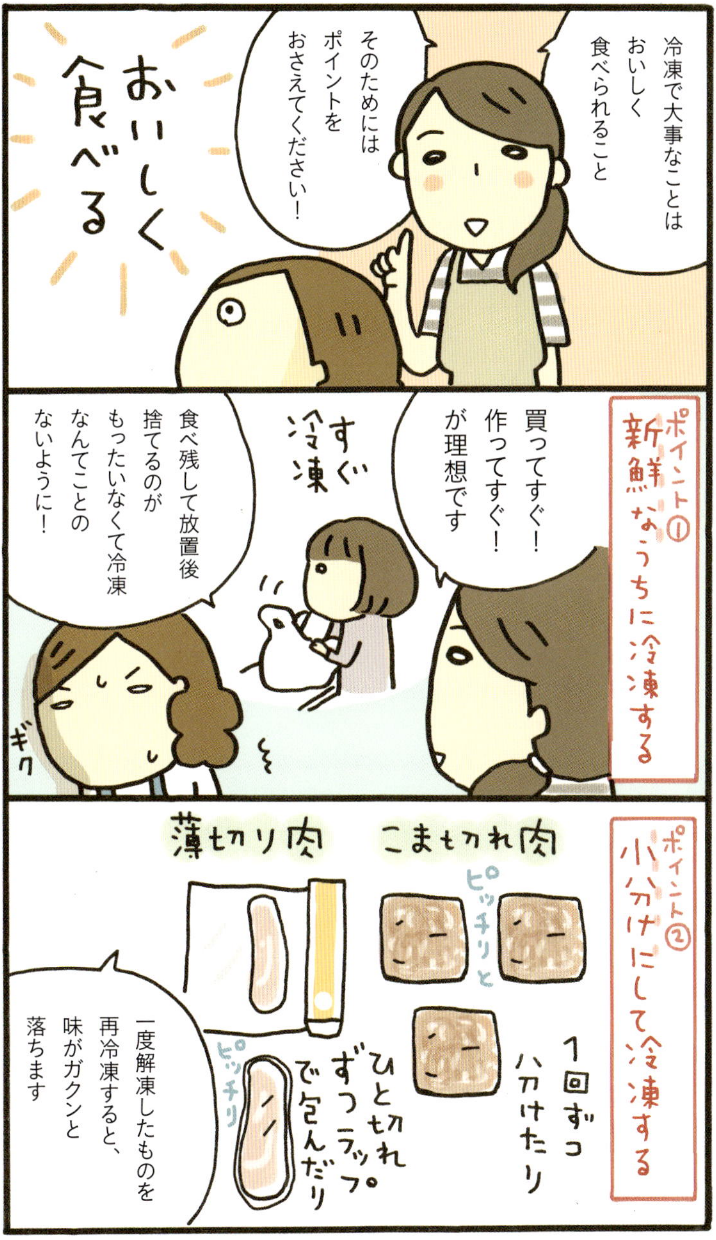
冷凍で大事なことは
おいしく
食べられること
そのためには
ポイントを
おさえてください！
おいしく食べる
ポイント①
新鮮なうちに冷凍する
買ってすぐ！
作ってすぐ！
が理想です
すぐ冷凍
食べ残して放置後
捨てるのが
もったいなくて冷凍
なんてことの
ないように！
ギク
ポイント②
小分けにして冷凍する
こま切れ肉
薄切り肉
ピッチリと
1回ずつ
分けたり
ひと切れ
ずつラップ
で包んだり
ピッチリ
一度解凍したものを
再冷凍すると、
味がガクンと
落ちます

ポイント③
食材にあった冷凍法で
まずは野菜！葉物野菜は、生のまま冷凍するのは向きません
びしょびしょ
食感が変わったり、解凍した時にドリップが出たりしちゃいます
ドリップ＝したたり
あらー
野菜はゆでてからだと調理も楽です！
保存袋
ぐつぐつ
じゃがいもは食感が変わってしまうのでつぶして冷凍
お肉はなるべく平たくして冷凍してね！
ひき肉
保存袋に平らに入れて
折り目を入れておくと便利
ぴっちり
薄切り肉
1枚ずつ広げて
空気を抜いて

ごはんは炊きたてをラップに包んで冷凍
1膳《ぜん》ずつ平たくラップに包んで
ホカホカ
ホカ
炊きたてを包むと湯気の効果でしっとりもちもちをキープ
冷めたら冷凍庫へ
ホワァ
ポイント④ 冷凍すると変質する食材をチェック
豆腐やこんにゃくの冷凍は、変質して元に戻らないので注意！
でも凍《し》み豆腐や凍みこんにゃくとして新たな食材に
煮物
ジューシー
牛乳や生クリームなどの乳製品は水分と脂肪分が分離してしまうので注意です
冷凍って奥深いのね

食材別冷凍方法

覚えておくと便利な食材別の冷凍方法を紹介。
ひとりでは食べきれない食材も冷凍保存することで
無駄なく使うことができます！

野菜

- なるべく新鮮なうちに冷凍する
- 野菜の性質や調理法によっては、火を通してから冷凍する

トマト

● 丸のまま ●

ソースなどに加工して冷凍することが多いが、丸ごとラップをして冷凍も可能。加熱して食べるのがおすすめ。

大根

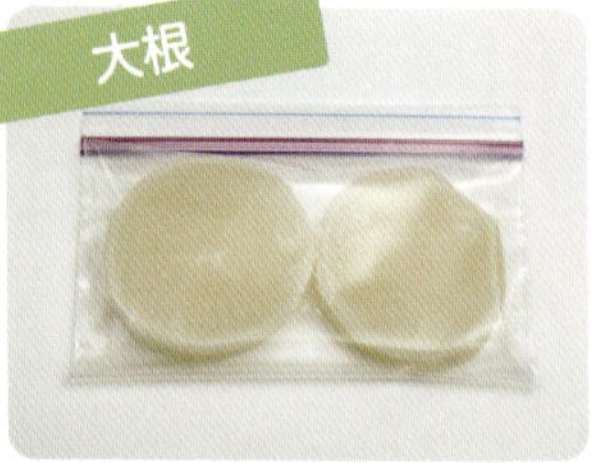

● ゆでる ●

輪切りにし、皮をむいてゆでてから保存袋に入れて冷凍する。火が通っているので調理時間が短縮でき便利。

大根

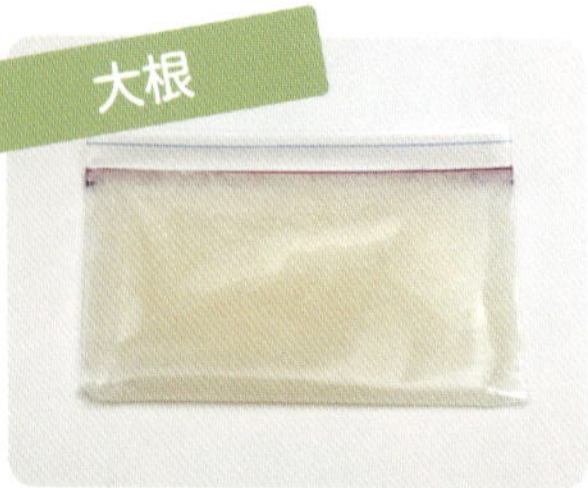

● おろす ●

一回一回おろすのが面倒な大根おろしも冷凍可。保存袋に平らに入れて冷凍。使う分だけ割って解凍する。

キャベツ

● ゆでる ●

ゆでてからざく切りにし、水気を切ってから保存袋に入れて冷凍する。凍ったまま加熱調理できる。

じゃがいも

● ゆでる ●

ゆでて皮をむき、つぶしてから保存袋に平らに入れる。生のまま冷凍すると食感が悪くなるので注意。

玉ねぎ

● 炒める ●

みじん切りなどにし、炒めたものを冷凍できる。そのまま料理に加えるだけでいいので時間短縮に役立つ。

玉ねぎ

● 生のまま ●

生のまま冷凍することもできる。薄切りなどにし、そのまま保存袋へ。料理の際、切る手間が省けて便利。

にんにく

● 丸のまま ●

1片ずつにばらして薄皮をむき、ラップでぴったり包んで冷凍する。凍ったまま加熱調理する。

ブロッコリー

● ゆでる ●

小房に分けてゆで、保存袋に入れて冷凍する。自然解凍してサラダに入れたり、そのまま加熱調理できる。

にんじん

ゆでる

輪切りや半月切りなどにしてからゆで、保存袋に入れて冷凍する。調理時間が短縮できるので便利。

にんじん

生のまま

生のまま細切りなど好みの大きさにカットし、保存袋に入れて冷凍する。凍ったまま加熱調理する。

ほうれん草

ゆでる

さっとゆでて水気をよく絞り、使いやすい長さに切って冷凍する。凍ったまま炒め物やスープなどに利用できる。

きのこ

生のまま

石づきを切り落し、ほぐして保存袋に入れて冷凍する。いろいろな種類のきのこを混ぜて冷凍しておくと便利。

かぼちゃ

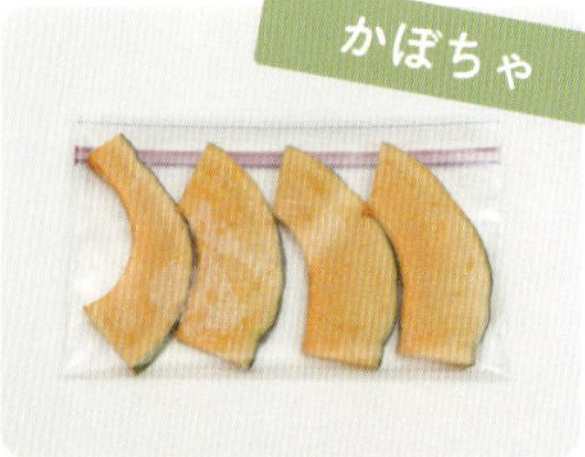

生のまま

カットし保存袋に入れて冷凍する。凍ったまま煮物などに利用できる。用途に応じて切り方を変えておくといい。

かぼちゃ

ゆでる

少し固めにゆでてから保存袋に入れて冷凍する。煮物やスープなど、調理するときに短時間でできるので便利。

なす

● 焼く ●

焼き網かグリルで焼き、冷めてから1つずつラップで包んで冷凍する。自然解凍のほか、凍ったまま加熱調理も。

ねぎ

● 生のまま ●

洗った後、水分をよく拭いてから小口切りなどにして冷凍する。凍ったまま調理できるほか、薬味としても使える。

野菜の解凍のコツ

なるべく素早く急速に解凍して

野菜の解凍の際に注意することは、できるだけ素早く解凍すること。ゆっくり解凍すると、水分を吸って食感が悪くなてしまいます。ほとんどの野菜はそのまま加熱調理することができます。

やまいも

● すりおろす ●

すりおろして、保存袋に入れて冷凍する。1回分ずつ小分けしておくと便利。自然解凍して使う。

薄切り肉

● 小分けする ●

1回に使う量に分けて広げ、ラップでぴったり包む。1枚1枚くっつかないように包むとさらに使いやすい。

肉・魚介類

- 買ってきてすぐに冷凍する
- 1回分ずつ小分けする
- できるだけ急速冷凍する

鶏肉

●酒をふる●

1回に使う量に分けて、保存袋に入れて冷凍する。臭《くさ》みを消すため、酒をふってから冷凍するとよい。

ひき肉

●小分けする●

1回に使う量に分けて平たくし、空気が入らないようにラップで包む。冷蔵庫で自然解凍かレンジ解凍して使う。

ウインナー

●そのまま●

保存袋に入れて冷凍する。使いやすい大きさに切ったり、切れ目を入れて冷凍しておくのも便利。

ベーコン

●小分けする●

1回に使う量に分けて広げ、ラップでぴったり包む。1枚1枚くっつかないように包むとさらに使いやすい。

貝類

●そのまま●

あさりやはまぐりなどの貝類は砂抜きをし、殻《から》つきのまま保存袋に入れて冷凍する。凍ったまま加熱調理できる。

切り身の魚

●そのまま●

ひと切れずつラップにぴったりと包んで冷凍する。冷蔵庫で自然解凍してから調理する。

しらす

小分けする

1回に使う量に分け、ラップに包んで冷凍する。冷蔵庫での自然解凍のほか、そのまま加熱調理もできる。

えび

そのまま

殻つきのえびはそのまま保存袋に入れて冷凍する。冷蔵庫で自然解凍し、殻をむいて調理する。

肉・魚介類の解凍のコツ

なるべくゆっくりと時間をかけて解凍して

肉・魚介類はゆっくりと時間をかけて解凍するのがポイントです。冷凍庫から冷蔵庫に移し、数時間から半日ほどかけて解凍しましょう。最近は生もの解凍機能のついたレンジもあります。

たらこ・明太子

小分けする

ひと腹ずつラップでぴったりと包み、そのまま冷凍する。解凍する時は、冷蔵庫で自然解凍する。

ごはん

小分けする

1膳《ぜん》分ずつラップで包んで冷凍する。炊きたてをラップで包み、冷ましてから冷凍したほうがおいしい。

その他

- できるだけ空気に触れないように密閉して
- 使う時のことを考えて小分けする

パスタ・麺類

● ゆでる ●

ゆでた麺を保存袋に入れて冷凍する。パスタはオリーブオイルかバターをからめておくとよい。そのまま加熱調理。

食パン

● 1枚ずつ包む ●

1枚ずつラップで包み、さらに保存袋に入れて冷凍する。そのままトースターで焼いて食べることができる。

納豆

● そのまま ●

1パックずつラップに包んで冷凍する。買ってきたパックのままでもよい。冷蔵庫で自然解凍する。

餅《もち》

● そのまま ●

1個ずつラップでぴったり包んで冷凍する。レンジやオーブントースターでそのまま加熱調理できる。

ちくわ

● そのまま ●

ラップで包み、そのまま冷凍する。冷蔵庫で自然解凍のほか、凍ったまま加熱調理もできる。

油あげ

● 油抜きする ●

油抜きをしてから、ラップでぴったりと包んで冷凍する。そのまま加熱調理できる。短冊に切っておいても便利。

ハーブ

●そのまま●

ラップで包み、そのまま冷凍する。冷蔵庫で自然解凍のほか、凍ったまま加熱調理もできる。

チーズ

●そのまま●

ラップで包み、そのまま冷凍する。1回分ずつに分けておくと便利。凍ったまま加熱調理する。

だし・ホワイトソース

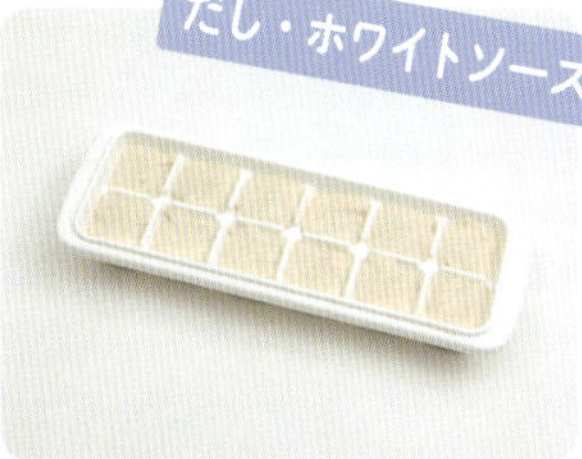

●小分けする●

まとめて作っただしやホワイトソースは製氷皿などに入れて使いたい分量使えるようにすると便利。

お茶

●そのまま●

ラップで包み、そのまま冷凍する。通常のお茶と同じようにお湯を注いで飲むことができる。

和菓子

●そのまま●

あまった和菓子はそのままラップに包んで冷凍することができる。冷蔵庫で自然解凍して食べる。

ホイップクリーム

●しぼる●

保存容器などにしぼって小分けして冷凍する。冷蔵庫で自然解凍するほか、コーヒーなどにそのまま浮かべても。

保存の基本
常備菜《じょうびさい》が
冷蔵庫にあれば、
忙しい時でも
すぐ食べられるし
いいですよね～
ごはんと
おみそ汁
があれば
すぐごはん
でも…
これまだ
食べられ
るのかなあ
まだ2日目
だし 大丈夫かな
うーん
ってことが
よくあるんですよねぇ
最終的には、
異常ないかを
確認して
判断するしか
ないけど…
少しでも
長持ちさせたい
ですよね！
はい！

ポイント① 常温で長持ちする調味料を使う
砂糖や塩などの常温で長期保存できる調味料でしっかりめに味つけしてください
塩
砂糖
常備菜ってだから甘辛い味つけが多いんだ〜
保存の大敵は水分! 水分があると腐りやすいので、注意して
だし汁を使った煮物
水分の多い野菜
もやし
保存に向かない
ポイント② なるべく空気にふれないように保存
空気にふれることも腐《ふ》敗《はい》を招《まね》く原因に!
清潔第一
密閉容器
保存袋
冷蔵庫で保存!

ポイント③
保存に効く食材を使って
保存に効くと言えば
酸っぱいもの！
梅干し
米酢
お酢や梅干しには防腐効果があるんです
お弁当にもよく梅干し入れますね
すっぱー
その他おすすめは…
しょうが
わさび
お手軽
チューブタイプ
みょうが
大葉
ハーブやスパイス類
とうがらし
ミント
パセリ
などに抗菌作用があると言われています

それからスパイスが沢山入ったカレー粉もおすすめです！
カレー
カレー
カレールーじゃなくてね
そぼろのカレー粉炒めとか
おいしそ
ポイント④ 食べ頃の目安を知ろう
材料や保存状態にもよりますが、お肉やお魚を使った常備菜は冷蔵庫で3〜4日が目安
3〜4日
根菜や乾物類は4〜5日ぐらいです
4〜5日
それでもやっぱりなるべく早めに食べてくださいね
はーい
でも早すぎると、常備菜になりません…
1日で食べてしまった…

Stock Recipe

きんぴらごぼう

ごぼうのうま味は皮にあるので、むかないのがポイント。シャキシャキの歯ごたえがおいしい!

材料（作りやすい分量）

ごぼう ……… 1/2本
にんじん …… 1/3本
赤唐辛子（乾燥輪切り）
…………… 少々
ごま油 ……… 小さじ2
みりん …… 大さじ1/2
砂糖 ……… 小さじ1/2
しょうゆ …… 大さじ1/2
白ごま ……… 少々

作り方

1 ごぼうとにんじんを切る

ごぼうとにんじんは5cmの長さ、マッチ棒くらいの太さに切る。切ったごぼうは水にさらしてあくを抜いておく。

2 炒める

熱した鍋にごま油をひき、赤唐辛子輪切りと、❶を炒める。

3 調味料を加える

全体的にしんなりとしてきたら、砂糖、みりん、しょうゆを加えて炒め合わせる。

4 汁気がなくなるまで炒める

汁気がほとんどなくなるまで炒め、皿に盛りつける。白ごまをふって完成。

ごぼうは皮をむかない

ごぼうの皮にはうま味があるので、できればむかずに調理しましょう。たわしなどでこすり、きれいに泥を落としてから使ってください。

Stock Recipe

ひじきの煮物

栄養たっぷりのひじき。
常備しておけばごはんや卵焼きに混ぜでアレンジもできる!

材料（作りやすい分量）

乾燥ひじき	15g
にんじん	1/4本
油あげ	1/2枚
サラダ油	大さじ1
だし汁	100mℓ
みりん	大さじ1/2
砂糖	大さじ1/2
しょうゆ	大さじ1･1/2
酒	大さじ1/2

乾燥ひじきは水で戻すと約4倍の重さになります。
※商品によって多少変わります。

作り方

1 ひじきを戻す

ひじきはさっと洗い、たっぷりの水に15分ほど浸《ひた》して戻し、長いものは食べやすい大きさに切る。

2 下ごしらえをする

にんじんは3cmの長さ、マッチ棒くらいの太さに切る。油あげは熱湯をかけて油抜きし、たて半分の長さに切ってから1cm幅に切る。

3 ひじきとにんじんを炒める

熱した鍋ににサラダ油をひき、ひじきとにんじんを炒める。

4 だし汁を加えて煮る

しんなりとしてきたら、油あげを加えてさっと混ぜ、だし汁を加えて煮る。煮立ってきたら、みりん、砂糖、しょうゆ、酒を加えて落としぶたをして、弱火で5～6分煮る。

5 盛りつける

器に盛りつけたら完成。

Stock Recipe

肉みそ

ごはんがどんどん進んじゃう肉みそは
肉を焦《こ》がさずに炒めるのがコツ!

材料（作りやすい分量）

鶏ひき肉		120g
酒		大さじ2
A	みそ	大さじ4
	砂糖	大さじ3
	みりん	小さじ1
卵黄		1個分
しょうがの絞り汁		小さじ1

作り方

1 ひき肉を炒める

鍋に酒と鶏ひき肉を入れ、弱火で焦げないように混ぜながら加熱する。

2 調味料を加える

鶏ひき肉がポロポロとしてきたら、合わせたAを加えて混ぜる。

3 卵黄を加える

❷に卵黄を加えて混ぜ、ぽってりとした質感になってきたらしょうが汁を加えてさらに混ぜ、火を止める。

ゆるい場合はさらに加熱を続け、固さを調節してください。卵黄が入っているので、少しずつ固くなっていきます。

Stock Recipe

味卵

おつまみやラーメンの具にもぴったりの味卵。
固ゆでや半熟などお好みの固さで作って。

材料（5個分）

	卵	5個
	かつお節	1袋（5g）
	水	100ml
A	酒	大さじ6
A	砂糖	大さじ4
A	みりん	大さじ4
A	しょうゆ	大さじ8

作り方

1 卵をゆでる

好みの固さに卵をゆでる（理想の固さに仕上げるためのゆで時間はP180を参照）。ゆで上がったら冷水に取り、殻《から》をむいておく。

2 煮汁を作る

鍋に水を沸騰させ、かつお節を入れる。Aを加えて再び沸騰したら火を止め、クッキングペーパーなどでこす。

3 漬ける

キッチンペーパーなどをのせ、卵全体が隠れるように。

②の粗熱《あらねつ》が取れたら、密閉できる保存袋や容器に入れて①を漬け、一晩置く。

なめたけ

瓶《びん》詰《づ》めの定番、なめたけも簡単に手作り可能!
冷蔵庫に常備しておくとなにかと便利。

材料（作りやすい分量）

えのきだけ	2袋
しょうが	1片
酒	大さじ2
砂糖	小さじ2
しょうゆ	大さじ2
酢	適量

作り方

1 材料を切る

えのきだけは根元を切り落として、2㎝の長さに切る。しょうがはせん切りにする。

2 炒める

鍋に❶と酒を入れて中弱火で、炒める。

中弱火とは、中火と弱火の間くらいの火加減のことです。じっくりと炒めたい時などに。

3 調味料を加える

えのきだけがしんなりとしてきたら、砂糖としょうゆを入れて汁気がほとんどなくなるまで煮る。

4 酢を入れる

酢を回し入れてひと混ぜし、火を止める。器に盛りつけて完成。

Stock Recipe

こんにゃくの含《ふく》め煮

ほっとする味わいのこんにゃくの煮物も簡単!
味が染み込みやすいように手綱《たづな》こんにゃくにして。

材料（作りやすい分量）

板こんにゃく		1枚
かつお節		5g
A	だし汁	200㎖
	酒	大さじ2
	みりん	大さじ1
	しょうゆ	大さじ1

作り方

1 下ごしらえをする

板こんにゃくは塩で揉み、水で洗い流して熱湯で1～2分下ゆでする。

2 手綱こんにゃくを作る

横に5㎜の厚さに切り、切った面の上下1㎝ずつを残した真ん中に切り込みを入れる。こんにゃくの端を切り込みに通して、手綱こんにゃくにする。

3 強火で煮る

鍋にAとかつお節を入れ、強火で煮る。

4 弱火で煮る

煮たったら弱火にし、煮汁が半分くらいになるまで煮て火を止める。器に盛り、完成。

手綱こんにゃくにすると、だしに浸かる面積が大きくなるので味が染みやすくなります。

Stock Recipe

切干し大根の煮物

切干し大根のうま味や甘味がじゅわっと染み出す
定番の煮物。ぜひマスターして!

材料（作りやすい分量）

切干し大根	20g
にんじん	1/4本
油あげ	1/2枚
サラダ油	小さじ1
だし汁	120mℓ
酒	大さじ1・1/2
みりん	大さじ1
砂糖	大さじ1/2
しょうゆ	大さじ1/2

作り方

切干し大根は水で戻すと約4倍の重さになります。
※商品によって多少変わります。

1 切干し大根を戻す

切干し大根は洗って、たっぷりの水に10分ほど浸《ひた》して戻す。

2 下ごしらえをする

にんじんは3cmの長さ、マッチ棒くらいの太さに切る。油あげは熱湯をかけて油抜きし、たて半分の長さに切って1cm幅に切る。❶の切干し大根の水気を絞り、ザク切りにする。

3 炒める

熱した鍋にサラダ油をひき、❷の切干し大根とにんじんを炒める。

4 だし汁で煮る

にんじんがしんなりとしてきたら油あげを加えて混ぜ、全体に油が回ったらだし汁を加えて煮る。

5 調味料を加えて煮る

煮立ってきたら、調味料を加え、落としぶたをして弱火で7〜8分煮る。火を止めて、器に盛って完成。

第7章

食べさせたい！勝負レシピ

～とっておきのおもてなし料理～

今日はハンバーグよ〜
ザク
ザク
こね こね こね
多めに作ってあとは冷凍〜
チン－！
あち
あち
ジュー

できた〜！
ポテトサラダ
にんじんと大根の浅漬け
うん
おいしい
達成感
ちょっと料理に
自信もついた
ことだし…
誰かに
食べて
もらいたい
わぁ〜

とはいえ、いきなり気になる人を呼んで手料理をふるまうとか…
いろんな面でいきなりすぎ
まずはいつものメンバーで
おつかれー
おつかれ
じつは、最近料理習っててさ～
おおー
行く行く
とはいえ、失敗はしたくない
できたらここで料理上手なイメージを持ってもらいたいし…
野望…

料理修業6日目
というわけなんですよ〜
ほう ほう
ちょっと ここぞって感じの ホームパーティっぽい メニューがいいかなって 思ってるんですけど
勝負レシピですね！ まかせてください！
キャー 先生ー
今までの成果を 存分に 見せましょう！
はーい がんばりま〜す！

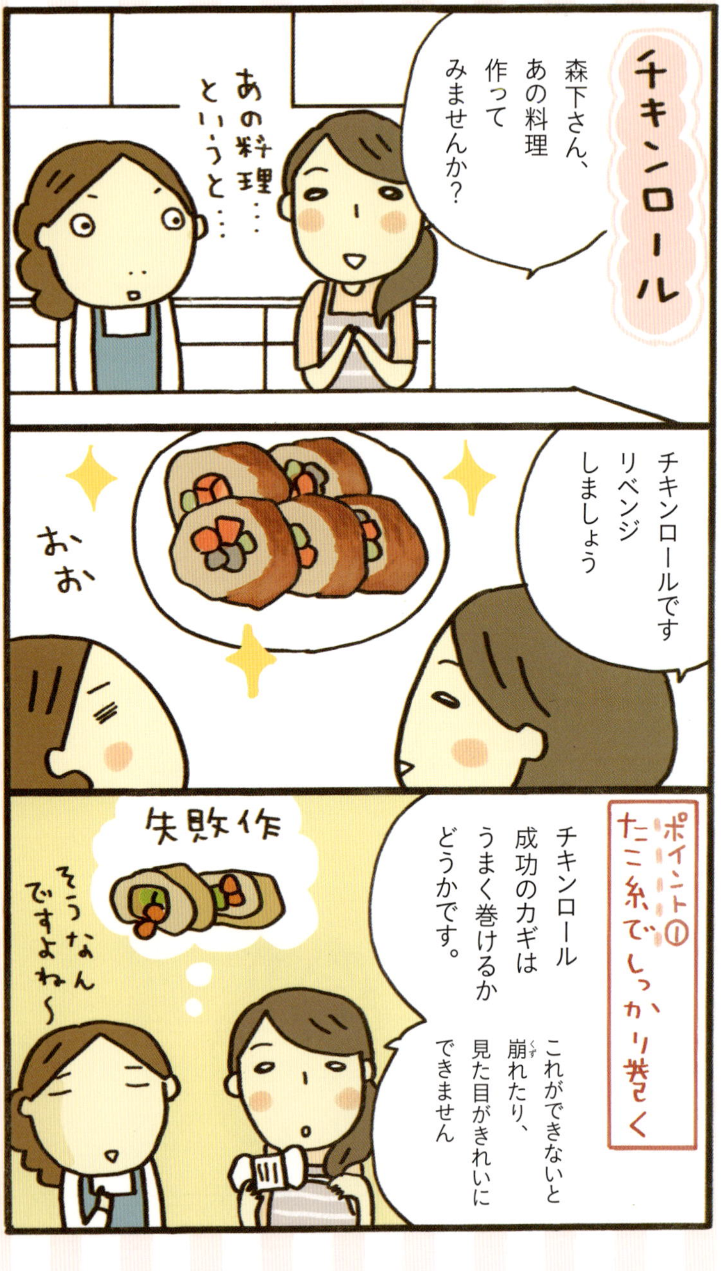
チキンロール
森下さん、あの料理作ってみませんか？
あの料理…というと…
チキンロールですリベンジしましょう
おお
ポイント① たこ糸でしっかり巻く
チキンロール成功のカギはうまく巻けるかどうかです。
これができないと崩《くず》れたり、見た目がきれいにできません
失敗作
そうなんですよね〜

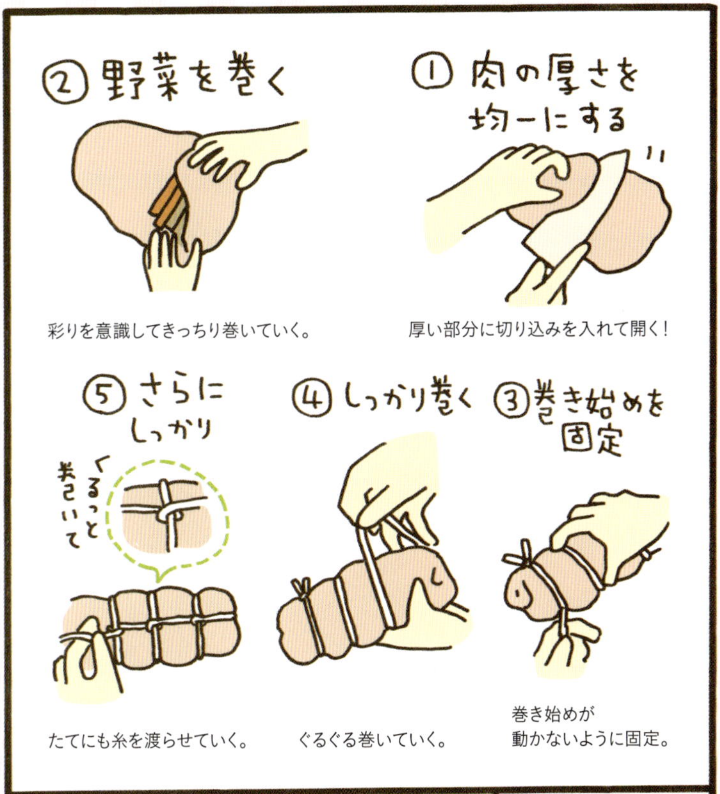
①肉の厚さを均一にする
厚い部分に切り込みを入れて開く！
②野菜を巻く
彩りを意識してきっちり巻いていく。
③巻き始めを固定
巻き始めが
動かないように固定。
④しっかり巻く
ぐるぐる巻いていく。
⑤さらにしっかり
くるっと巻いて
たてにも糸を渡らせていく。

これで崩れる心配はありません 味つけはしっかり目のほうがおいしいですよ～
今度こそおいしく作るぞ～

Special Recipe

チキンロール

肉と野菜を一緒に食べられるチキンロール
見た目もきれいなのでおもてなしにぴったり!

作り方

1 鶏もも肉の下ごしらえをする

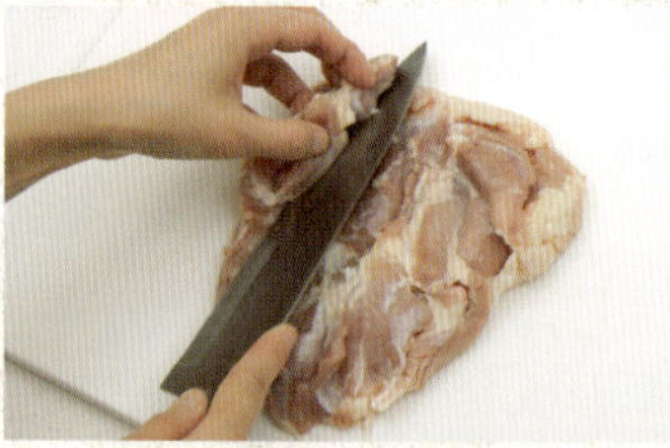

鶏もも肉は肉の厚さが均一になるように、厚みのある部分に切れ目を入れて開き、Aに10分位漬けておく。オーブンを220度で予熱しておく。

材料（2本分）

	鶏もも肉	2枚
A	酒	大さじ2
A	しょうゆ	大さじ2
	サラダ油	大さじ1
	にんじん	1/2本(たてに切ったもの)
	ごぼう	15㎝くらい
	いんげん	4本
B	砂糖	大さじ2
B	みりん	大さじ3
B	しょうゆ	大さじ4

❷ 野菜の下ごしらえをする

にんじんとごぼうは太さ7〜8mm、長さ15cmくらいに切り、固めにゆでる。いんげんも固めにゆでておく。

❸ 野菜を肉で巻く

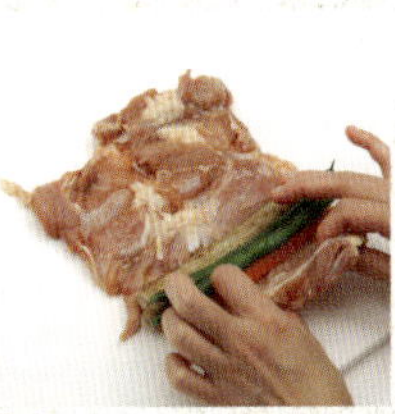

野菜を置く

❶の鶏肉を皮目を下にして広げ、水気を取った❷を置く。見ばえがよくなるよう野菜の配置に注意して。

Point

切った時の断面の美しさはここで決まります。にんじんの赤といんげんの緑の見え方を意識して並べて。

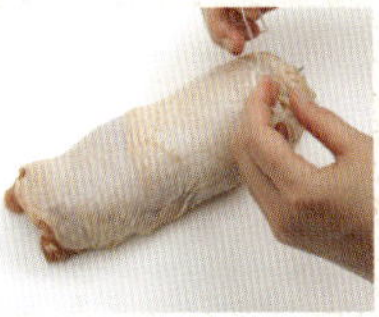

巻き始める

たこ糸を巻き始める。巻き始めはしっかりと結んで固定して。

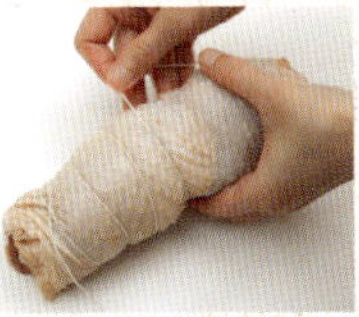

巻いていく

途中で崩れないよう、きつめにぐるぐると巻いていく。

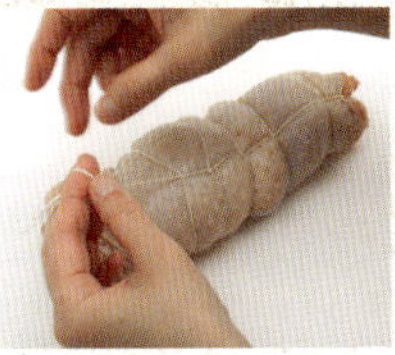

たてに糸を通す

端まで巻いたら、巻いた糸に引っかけるようにしてたてに糸を通し、巻き終わりを固定する。(P.165参照)

❹ フライパンで焼く

熱したフライパンにサラダ油をひき、❸に焼き色がつくまで焼く。

❺ オーブンで焼く

オーブンに❹を入れ、25分焼く。

❻ 調味料をからめる

フライパンにBと❺を焼いている間に出た肉汁ごと加え、転がすようにして、煮汁が半分くらいになるまでからめるようにして焼く。

❼ 切り分ける

厚めに切り分け、皿に盛ったら完成。

ラザニア
森下さんに
私のとっておきの
レシピを
伝授します！
それは
ラザニア
とっておき〜
わ〜
大好きです
でも
お店では食べるけど
自分で作ろうと
思ったことないかも
難しそうで…
ちょっと手間は
かかりますが、
手作りのラザニア
ってとっても
おいしいですよ〜
ポイント①
ホワイトソースは焦《こ》がさない
バターと小麦粉を
炒めてから牛乳を
加えていくんですが、
この時絶対に
焦がさないこと！
絶えず
混ぜて
焦げるとホワイトソース
じゃなくなっちゃう

とろみがでたら 隠し味に 白ワインを加えて
風味がアップ！
おお なんか 本格的
ポイント② ミートソースはしっかり とろみをつけて
ミートソースは しっかり とろみをつければ 後で重ねやすく なります
サラサラだと 流れてしまうので もったりと
ホワイトソースと ミートソースは いろいろな料理に 使えるので覚えて おくといいですよ
グラタン
クリーム コロッケ
ペンネ
料理の世界が 広がった気が します～

ラザニア

ソースから手作りする本格的なラザニア。
手間はかかりますが、お店に負けないおいしさです。

作り方

1 ホワイトソースを作る

小麦粉を炒める

フライパンに弱火でバターを溶かし、小麦粉（大さじ4）を加え、焦《こ》げないようによく炒める。

牛乳を加える

粉っぽさがなくなったら、ダマにならないよう少しずつ牛乳を加えながら混ぜる。

材料（1台分）

ホワイトソース	バター	40g
	小麦粉	大さじ4
	牛乳	500mℓ
	白ワイン	50mℓ
	塩・こしょう	適量
ミートソース	玉ねぎ	1/2個
	にんにく	1片
	合いびき肉	200g
	サラダ油	小さじ2
	小麦粉	大さじ1・1/2
	トマトホール缶	1缶
	はちみつ	小さじ2
	コンソメ（顆粒）	小さじ2
	ラザニア用パスタ	120g
	ピザ用チーズ	60g
	パセリ	少々

よく混ぜる

さらに混ぜ、なめらかな状態になるまでよく混ぜる。

白ワインを加える

とろみがついてきたら白ワインを加え、塩・こしょうを加えて混ぜ合わせ、冷ましておく。

2 ミートソースを作る

玉ねぎと合いひき肉を炒める

玉ねぎとにんにくはみじん切りにする。熱したフライパンにサラダ油をひき、ひき肉と一緒に炒める。

小麦粉を加える

肉の色が変わったら小麦粉（大さじ1・1/2）を加えて炒める。

トマト缶を加える

トマトホール缶と、はちみつ、コンソメを加え弱火で10分煮込む。

3 ラザニア用パスタをゆでる

沸騰したお湯でラザニア用のパスタをゆで、水につけて冷まし、水気をふき取る。

4 ソースとパスタを重ねる

バターを塗る

ラザニアの型（オーブン対応の容器なら別のものでも可）にバター（分量外）を塗る。

交互に重ねる

ホワイトソースとラザニア用パスタ、ミートソースを交互に2〜3層になるよう重ねる。

5 オーブンで焼く

ピザ用チーズをのせ、200℃に予熱したオーブンで20分焼く。刻みパセリをちらして完成。

肉じゃが

勝負レシピの定番、肉じゃが!
牛肉で作ってちょっとリッチな味に。

作り方

1 下ごしらえをする

じゃがいもは皮をむいて4等分くらいに切り、水にさらす。にんじんは皮をむいて乱切り、玉ねぎはくし切りにする。牛肉は食べやすい大きさに切る。

2 しらたきをゆでる

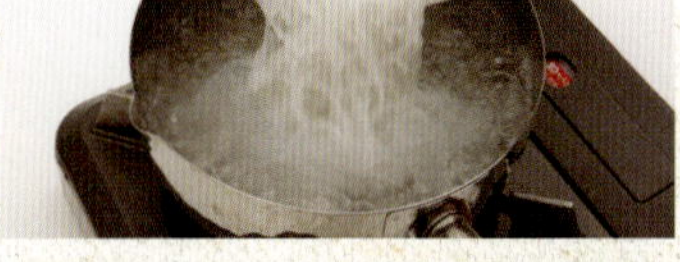

したらきは熱湯でさっとゆでてあく抜きし、適当な長さに切っておく。

材料 (2人分)

	じゃがいも	2〜3個
	にんじん	1/3本
	玉ねぎ	1/2個
	牛肉切り落とし(豚肉でも可)	120g
	しらたき	1/2袋
	しょうが(せん切り)	1片分
	サラダ油	小さじ2
A	水	500mℓ
A	酒	大さじ3
A	砂糖	大さじ3
A	みりん	大さじ2
A	しょうゆ	大さじ4
	いんげん	2本

3 しょうがと玉ねぎを炒める

鍋にサラダ油をひき、しょうがと玉ねぎを炒める。

4 じゃがいも・にんじん・肉を炒める

❸にじゃがいも、にんじん、牛肉を加えて炒める。

5 煮汁を加える

油がまわったら、Aを入れて煮る。煮汁が全体にまわるよう、落としぶたをする。

Point

落しぶたがない場合は、アルミホイルを鍋の大きさに合わせて丸く切り、まん中に穴を開けたもので代用できる。

6 いんげんをゆでる

いんげんは塩（分量外）を加えた熱湯でさっとゆで、4等分くらいに切っておく。

7 あくを取る

❺のあくを取り、じゃがいもを崩さないようざっくりと混ぜ、さらに煮る。

8 いんげんを加える

煮汁が少なくなってきたらいんげんを加えてひと混ぜし、器に盛って完成。

あく取りの必要性

あくは、野菜の場合「渋《しぶ》み」「えぐみ」、肉や魚の場合は煮汁に溶け出して熱で固まったタンパク質で「臭《くさ》み」などを含んでいます。あくを取らないと、こういったものが残ったままになり、肉の臭いが残ったり、スープなど汁を飲むようなお料理の場合は舌触りも悪くなったりします。ただし、肉や魚などのあくにはうま味成分が入っているので、あまり神経質に取らなくても大丈夫です。大きく固まりになっているあくだけを取り、細かい泡のような物は残っても大丈夫です。

牛肉ではなく豚肉を使ってもおいしく作れます！

ビーフシチュー

柔らかく煮込んだ牛肉が絶品。
ごちそうビーフシチュー!

作り方

1 牛肉を切る

牛肉は2㎝角くらいの大きさに切り、塩・ブラックペッパー、にんにくをよくもみ込む。

2 野菜の下ごしらえをする

玉ねぎは6等分のくし切り、にんじんは乱切り、じゃがいもは4等分に切る。マッシュルームは石づきをとる。

材料 (2人分)

牛肩ロース肉(かたまり)	300g
塩・ブラックペッパー	少々
にんにく(すりおろし)	1片分
玉ねぎ	1個
にんじん	1/2本
じゃがいも	2個
マッシュルーム	1パック
小麦粉	大さじ1
サラダ油	大さじ1
赤ワイン	100㎖
水	500㎖
ローリエ(あれば)	1枚
デミグラスソース缶	1/2缶
ケチャップ	大さじ2
ソース	大さじ1

3 牛肉に小麦粉をまぶす

❶の牛肉をバットに並べ、小麦粉をふるいながらまぶす。裏側や側面にもまんべんなくまぶして。

4 牛肉を焼く

❸の牛肉をサラダ油をひいたフライパンで焼き色がつくまで焼く。

5 赤ワインを加える

ほどよい酸味をプラスし、肉を柔らかくしてくれる。

❹に赤ワインを加えて煮立てて、別に用意しておいた煮込み用鍋に煮汁ごと入れる。

6 水を加えて煮込む

❺に水を加え、煮立ったら弱火にし、ふたをして30〜40分煮る。

7 あくを取る

煮ている途中であくが出るので、あくを取る。

8 野菜を加えて煮込む

マッシュルーム以外の野菜とローリエを加えて10分煮込む。

9 ソースとマッシュルームを加える

後から入れるのは、マッシュルームの食感を残すため。

デミグラスソースとマッシュルームを加えてさらに10分煮込む。

10 調味料を加える

ケチャップ、ソースを加えて混ぜ、塩こしょう（分量外）で味を調節したら完成。

Special Recipe

フライパンパエリア

見た目も華やかなシーフードたっぷりのパエリア。
オーブンを使わなくても作ることができます。

材料（2人分）

玉ねぎ	1/2個
にんにく	1片
トマト	1個（小さめ）
パプリカ（赤・黄）	各1/2個
鶏もも肉	1/2枚
オリーブオイル	小さじ2
米	1合
白ワイン	大さじ1
あさり	150g
えび	6尾
パセリ・レモン	各少々
A 水	250㎖
A サフラン（あれば）	少々

作り方

1 サフランを水に浸す

Aを合わせて、色が出るまで置いておく。サフランが手に入らなければ、この工程は省《はぶ》く。

2 下ごしらえをする

玉ねぎとにんにくはみじん切りにする。トマトはザク切り、パプリカは1cm角、鶏もも肉は小さめの一口大に切る。

3 材料を炒める

熱したフライパンにオリーブオイルをひき、弱火でにんにくと玉ねぎを炒める。香りが出てきたら、鶏もも肉とパプリカを加えて強火で炒める。

4 米を入れる

❸に米を加え、米が透き通ってくるまで炒める。

5 白ワインを加える

❹に白ワインを加え、炒め合わせる。

6 あさり、えびをのせる

❺に❶(サフランが無い場合は水)とトマトを加えて混ぜ、あさり、えびをバランスよくのせる。

7 炊く

❶を注いで、❻にふたをし、煮たったら弱火にして18分炊く。

8 パセリとレモンをのせる

❼を5分ほど蒸らし、刻んだパセリとレモンをのせたら完成。

豚の角煮

豚のうま味たっぷりのやわらかい角煮。
しっかりした味つけがごはんに合います。

材料

（豚バラ肉1本分・約2人分）

豚バラ肉（かたまり）		1個（約600g～700g）
しょうが（スライス）		2～3枚
長ネギの青い部分		1本分
水		600mℓ
A	酒	200mℓ
A	みりん	大さじ4
A	砂糖	大さじ4
しょうゆ		大さじ5
小松菜		2株
からし		適量

作り方

1 豚バラ肉を焼く

豚バラ肉を大きめに切り、熱したフライパンで焼き色がつく程度に焼く。

2 豚バラ肉をゆでる

鍋に1とかぶる程度の水（分量外）、しょうがと長ネギを入れ、中火で40分位ゆでてそのまま冷ます。

3 煮込む

2の豚バラ肉を取り出し、水（600mℓ）を入れた鍋で煮る。煮立ったら、Aを加えて弱火にして20～30分煮込む。あくが出るので、途中であくを取る。

4 しょうゆを加え煮込む

しょうゆを加えてさらに20分煮込み、ゆでた小松菜とお好みでからしを添えて器に盛り、完成。

第8章

知っておくと便利な豆知識

知っておきたい料理のQ&A

今さら聞けない料理の基本や知っておくと便利な知識など
素朴な疑問にしらいし先生がお答えします！

1Q 料理中に手早く計量するには？

A ボウルの代わりに はかりにラップを敷いて計量

料理教室では、小型のガラスのボウルをたくさん用意して計量した材料を入れておきますが、自宅ではなかなかそうはいきません。液体などには使えませんが、はかりに直接ラップを引いて目盛りをゼロにし、直接食材を置いて計る方法がおすすめです。そのままねじって置いておけるので、手際よく料理できます。洗い物も増えないので便利です。

ラップを敷いて
目盛りをゼロにして計量！
キュッと
ねじって
置いておける

2Q ゆで卵を好みの固さに仕上げるには？

A 水からではなく 沸騰したお湯からゆでる

「水から入れて何分」と測ると、使用しているコンロの火力によって差が出てしまいます。そのため、沸騰したお湯からゆでるのがおすすめです（水は100度以上にはならないので）。常温に戻した卵で約11分でゆであがります。半熟にしたい場合は8～9分、流れるくらい半熟にしたいときは6～7分です。冷蔵庫から出してすぐの卵の場合は、それより1分ほど長めにゆでます。

3Q きのこ類は 洗ったほうがいいの？

A 洗わずに 固く絞ったふきんで拭いて

水に濡れると、菌糸の間に水が入って食感が変わったり、香りも逃げたりしてしまいます。洗わずに、固く絞ったふきんなどで拭くほうがいいでしょう。市販のきのこのほとんどは、野生しているものではなく、栽培されているものですので、それほど汚れを気にする必要はありません。それでも気になる場合は、水でさっと洗う程度にしましょう。

Q4 油あげの油抜きってどうやるの？

A ザルの上におき熱湯をかけて

油あげを使うときには、余分な油を取り除くため、できれば油抜きをしましょう。油抜きをしないと、料理に油臭《くさ》さが移ってしまうことがあります。ザルなどの上に油あげをおき、上から熱湯をかけるだけです。ほんのひと手間で仕上がりに差がつきます。

Q5 豆腐の水切りってどうやるの？

A 重《おも》しをするかレンジで加熱して

ふきんやキッチンペーパーなどに包み、重しをして水切りすると、しっかり水切りできます。逆に時間がなかったり、そこまでしっかり水が切れなくてもいい料理には、キッチンペーパーに包んで、電子レンジで加熱もできます。豆腐の大きさにもよりますが、500wで、1分30秒くらいが目安です。

Q6 しらたきやこんにゃくのあく抜きってどうやるの？

A 沸騰したお湯でさっとゆでて

臭《くさ》み取りのため、しらたきやこんにゃくはあく抜きしましょう。あく抜きせずに使うと、料理にこんにゃくの臭《くさ》みが移ってしまうことがあります。鍋に湯をわかし、さっとゆでるだけです。最近は、「あく抜き不要」の商品もあり、その場合は必要ありません。

Q7 肉魚類と野菜でまな板は分けるべき？

A 臭《にお》いがつきやすいのでできれば使い分けて

余裕があれば、肉魚類と野菜その他に分けるとよいでしょう。肉や魚を切った場合、そのタンパク質などがまな板に付着し、臭《にお》いがつきやすくなります。まな板が1枚しかない場合は、肉や魚を切ったあとは、必ずすぐに洗い、定期的に殺菌や消毒を行うことをおすすめします。また、まな板は乾いた物を切る時以外は、基本的に濡らしてから使いましょう。汚れや臭いがしみ込みにくくなります。

Q8 食器についた臭いが取れないときは？

A 酢水に浸けたり漂白剤を利用して

薄い酢水を入れたり、それでも取れないときは市販の漂白剤に浸けたりします。漂白剤を使う場合は、注意書きをよく読んで、使える素材と使えない素材を確認してから使いましょう。銅や漆《しっ》器《き》などには、漂白剤は使えない事がほとんどです。

Q9 牛肉、豚肉、鶏肉それぞれの部位はどう使い分けたらいいの？

A 味や肉質の違いを知って適した料理を作って

牛肉、豚肉、鶏肉は、それぞれたくさんの部位に分けられています。とくに牛肉は部位が非常に多いのですが、ここでは大まかな部位とその特徴を覚えましょう。

《 牛肉 》

ロース
脂が少なめであっさりとした味わい。すき焼き、しゃぶしゃぶやステーキなどに。

サーロイン
脂肪が多く、肉質がきめ細やか。ステーキや焼き肉などに使われる。

肩ロース
肩にあるロース。すき焼きやしゃぶしゃぶ、ステーキなどに使われる。

バラ
あばら骨の周りの肉。肉質は柔らかく、ステーキや焼肉などに使われる。

もも
ロースなどに比べて赤身が多く固めなので、煮込み料理に。内ももはローストビーフなどにも。

《 豚肉 》

ロース
肉質が柔らかく、とんかつやソテーに。薄切りはしょうが焼きなどにも使われる。

ヒレ
1頭の豚から少量しか取れない貴重な部位。とても柔らかく、とんかつやソテーに。

もも
赤身が多くヘルシー。しゃぶしゃぶや炒め物など幅広い料理に使える。

肩ロース
肩にあるロース。すき焼きやしゃぶしゃぶ、ステーキなどに使われる。

バラ
柔らかく脂肪が多い。塊《かたまり》は角煮など、薄切りは炒め物やしゃぶしゃぶにも。

肩肉
筋肉質で赤身が多い。シチューなどの煮込み料理に適している。

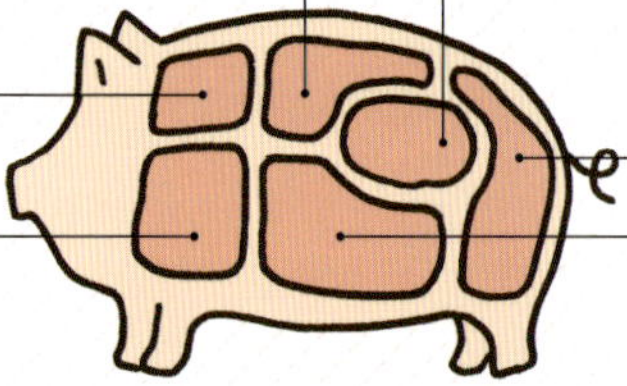

《 鶏肉 》

ささみ
脂肪が少なくヘルシーな部位。ゆでたり蒸したりしてバンバンジーやサラダなどに。

手羽
手羽先・手羽元がある。適度な脂肪がある骨付き部分。やきとりや唐揚げ、フライドチキンなど。

胸肉
脂肪が少なくヘルシーな部位。蒸し料理、揚げ物、焼き物など幅広く使える。

もも
適度な脂肪があり柔らかい。唐揚げやソテー、カツなどに使われる。

10 乾麺をゆでるときのポイントは?

A たっぷりのお湯でくっつかないようにゆでて

パスタ、うどん、そば、そうめんなどさまざまなので、一概には言えませんが、たっぷりのお湯でゆでること、麺全体が固まらないようにばらしてお湯に入れることが大事。冷たくして食べる場合は、流水でゆで上がった麺を洗ってしめること。ぬめりをしっかりと取ることで、のどごしよく仕上がります。

11 フライパンや鍋類はどんなものが必要?

A フライパンも鍋も大小2つずつあると便利

フライパンは普通の大きさ(ひとり暮らしなら22〜24㎝くらい)と小さめのもの(18㎝以下くらい)があると便利です。炒め物は大きいほう、卵料理などは小さいほうで、油や火力を無駄なく使うことができます。鍋は1人分のみそ汁が作れる16㎝くらいの片手鍋や、カレーなどまとめて作ったり、何人分かを作るときに便利な24〜26㎝くらいの両手鍋があるといいでしょう。

12 炒め物が水っぽくなってしまうのはなぜ?

A 野菜を炒めるときは強火で手早く

手早く加熱されておらず、必要以上の加熱がされているからです。特に野菜は強火で短時間で加熱しないと、どんどん水分が出て食感も悪くなってしまいます。また、塩やしょうゆなど調味料が入るとさらに水気が出ますので、調味料を入れた後は、さらに手早く炒める事が大切です。

13 大根の部位による使い分けを教えて!

A 上は甘味が強く下は辛味が強い

大根は葉に近い上のほうが甘味が強いので、生食向きです。大根おろしなどには、上の部分を使うのがよいでしょう。真ん中は、水分をたっぷり含んでいて柔らかいので、煮物などにすると味が染みてとてもおいしいです。下の部分は辛みが強いので、みそ汁の具にしたり、辛い大根おろしを好む人は、この部分を使ってもよいでしょう。

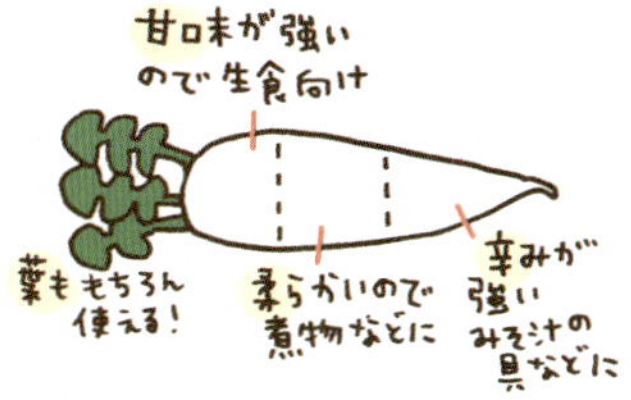

14 上手に買い物をして献立を立てるコツは?

A 一週間単位で献立を考えて無駄を省く

何日分かの献立を考えて、まとめて買い物をすると無駄な買い物を防げます。まとめて買った肉などは小分けにして、早めに食べきるようにし、逆に日持ちのしない葉もの野菜などだけ買い足すようにします。冷蔵庫や冷凍庫の中身をいつも把握し、足りない物だけを買うようにすれば、上手に献立を作ることができるでしょう。

常備しておくと
便利な食材

保存が効き、使い勝手のいい食材を紹介!
家に常備しておけば、日常の料理にはもちろん
冷蔵庫に何もない……という時にも便利です。

根菜

じゃがいも

冷暗所にて保存する。光に当たると芽が出やすくなるので注意して。

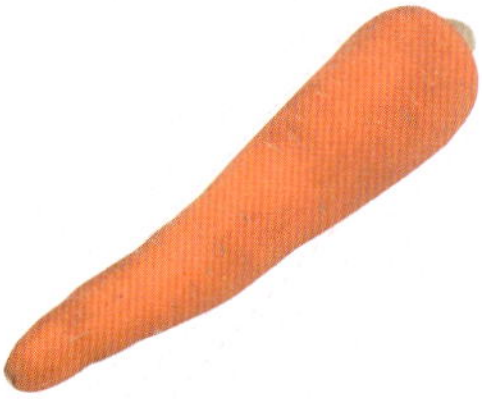

にんじん

袋に入れ、冷蔵庫で保存する。半端に残ったものはラップでぴったりと切り口を包んで。

玉ねぎ

風通しをよくするため、ラップやビニール袋には入れないこと。冷暗所にて保存する。

豆類

ミックスビーンズ

様々な種類の豆がミックスされたもの。サラダにしたりラタトゥイユなどに入れても。

大豆水煮

大豆を戻すのは手間がかかるので水煮が便利。缶詰やパック入りのものがある。

ひよこ豆

ガルバンゾとも言う。サラダやスープなど洋風の料理に使える。

缶詰

トマト缶

トマトの水煮の缶詰。サイコロ状にカットされたものと丸ごとのものがある。

デミグラスソース缶

ハンバーグやオムライスのソースに使ったり、ハヤシライスやビーフシチューなどに。

麺類

パスタ

あり合わせの食材でも主食が完成。マカロニなども常備しておくと便利。

そば・うどん

温麺に、冷麺にと大活躍。トッピングを変えてもおいしい。

冷蔵食材

梅干し

おにぎりやお茶漬けだけでなく、ソースやドレッシングなどにも。お弁当に入れると防腐効果も期待できる。

納豆

賞味期限が短いが、冷凍できるので便利。冷凍で約1ヵ月持つ。さまざまな料理に使える。

しらす

おにぎり、卵焼き、パスタなど和洋問わず使える。冷凍保存もでき、約1ヵ月持つ。

乾物

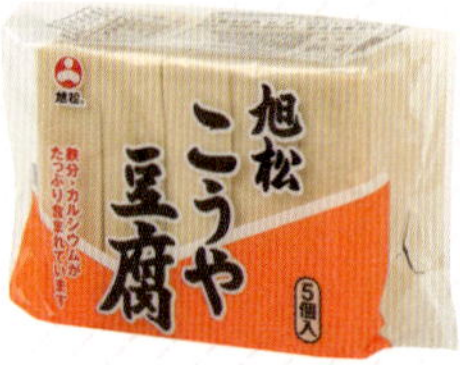

高《こう》野《や》豆《どう》腐《ふ》

定番の含《ふく》め煮だけでなく、揚げたり炒めたりしても使える。

すりごま

ごまをする手間がいらないので便利。ごまあえやごまだれにしたり、料理にふりかけて。

いりごま

おにぎりにまぶしたり、料理にふりかけて使う。揚げ物の衣に混ぜてもおいしい。

かつお節

だしを取るほかに、おひたし、おにぎりの具、冷奴など幅広く使える。

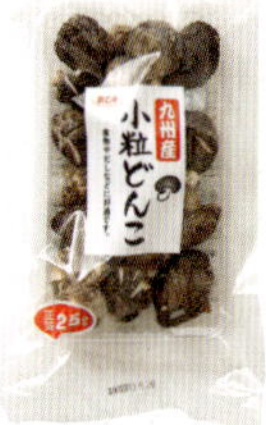

干ししいたけ

水で戻して煮物などに使う。うま味がたっぷりなので、しいたけだしとしても大活躍。

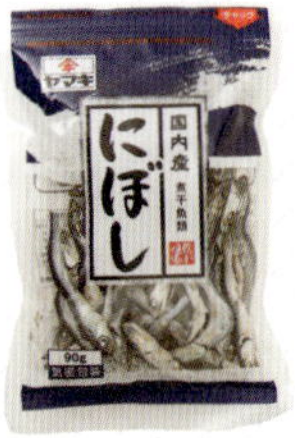

煮干し

魚のうま味たっぷりのだしが取れる。だしを取ったあとはふりかけや佃煮《つくだに》に。

昆布

上品なだしが取れるので、鍋物や湯豆腐などに。昆布巻きなどの料理にも活躍。

焼きのり

おにぎりにはもちろん、細かく刻んで料理に散らすなど用途はさまざま。湿気らないように密閉して保存して。

はるさめ

サラダ、スープ、麻婆春雨《まーぼーはるさめ》など中華風の料理などに。春巻きの具などにも使える。

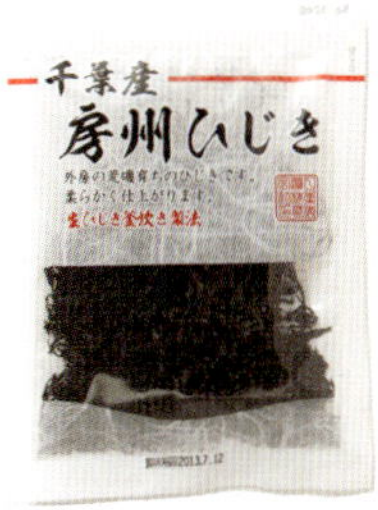

ひじき

定番のひじきの煮物はもちろん、サラダ、炊き込みご飯などにも大活躍。

わかめ

水ですぐに戻るので便利。みそ汁の具にはもちろん、生のわかめと同じように使える。

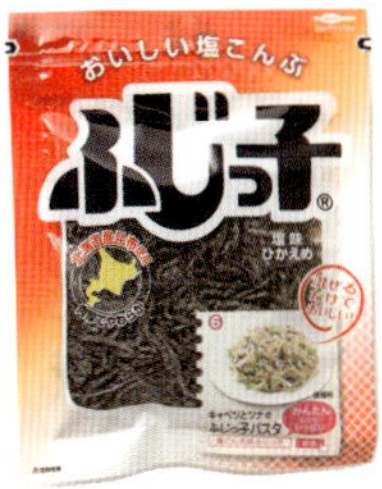

昆布

塩気が強いのであえるだけで味つけに使える。浅漬け、炒め物、パスタなどに。

鷹《たか》の爪《つめ》

料理をするときに入れて、唐辛子の辛味をつける。食べるとかなり辛いので注意。

干しえび

炒め物やスープに入れれば、えびのうま味がたっぷり。お好み焼きなどに入れても。

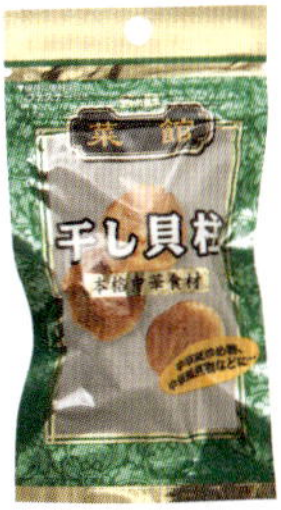

干し貝柱

貝柱は具として、ホタテのうま味たっぷりの戻し汁はさまざまな料理に使う。

フライドガーリック

チップ状の揚げにんにく。焼いた肉や、パスタにふりかけても。

フライドオニオン

チップ状になった揚げ玉ねぎ。ふりかけるだけで手軽に玉ねぎの甘味とうま味が楽しめる。

おわりに
先生に
料理のコツなどを
いろいろ教わって
私の料理に
着実に
進歩が
食材を
ムダにする
ことも
少なくなったし
あまり
野菜で1品
包丁の
お手入れも
するように
砥《と》石《いし》
包丁が
よく切れると
調理がラク～
できあがりも
キレイ
自炊すること
が増えた
今日は
あれ作ろ
作ったものが
おいしい～

それと、なぜ今まで自分の料理がおいしくもまずくもなかったのかよくわかりました
んん？
料理をおいしくするコツを
水分をキッチンペーパーで拭く？ま、炒めればとぶでしょ
筋を切る？ま、味には関係ないでしょ
全部めんどくさくてすっとばしていました
たとえば今まではキャベツのせん切りといえば
ザク
ザク
まぁせん切りに見えればいいんでしょ
こんな感じでしたが…

せん切りひとつにも
こんなにおいしく
作るコツが
立ち方
1枚1枚
はがして
芯をとって
葉は丸めて
押し出すように
あったのねえ〜
しかも
料理がラクに
みじん切り
切りやすい〜
人に食べてもらう
自信も
ちょっと
つきました
おいしい〜

私、これでいつでも
おヨメに行けます！
新婚エプロン
相手がいればね〜
（お約束）
でも先生のようなフワフワキャベツのせん切りができるようになるには
まだまだ修業が必要です
トン
トン
トン

著・イラスト **森下えみこ**

静岡県出身、2月16日生まれ。イラストマンガ家。主な著書に30代独身の日々を描いたコミックエッセイ『独りでできるもんシリーズ』や女社会の悲喜こもごもを描いた『女どうしだもの全3巻』(以上 メディアファクトリー)がある。ほかにも書籍のイラストや広告のプチマンガなどを手がけている。

森下えみこホームページ　http://emiko.petit.cc/

料理監修 **しらいしやすこ**

フードスタイリスト。料理家のアシスタントを経て独立。広告・出版などを中心に、料理制作から、レシピ作成、スタイリングを行う。手軽でおいしい料理を心がけている。著書に『365日手づくりのみそ汁とスープ』、『365日手づくりのしあわせごはん』、『365日手づくりのうれしいお弁当』(以上 泉書房)、『スマイルさんのおいしい料理のコツと基本』、『乾物・干物を自分で作る』(以上 宝島社)などがある。

デザイン　平間杏子(スタジオダンク)
写真　宇賀神善之(スタジオダンク)
編集協力　渡辺有祐、林健太郎(フィグインク)
明道聡子
編集担当　田丸智子、遠藤やよい(ナツメ出版企画株式会社)

キャベツのせん切《ぎ》り、できますか?

2013年2月10日　初版発行
2013年3月10日　第2刷発行

著　者　森下《もりした》えみこ
発行者　田村正隆

発行所　株式会社ナツメ社
東京都千代田区神田神保町1-52ナツメ社ビル1F(〒101-0051)
電話　03(3291)1257(代表)　FAX　03(3291)5761
振替　00130-1-58661
制　作　ナツメ出版企画株式会社
東京都千代田区神田神保町1-52ナツメ社ビル3F(〒101-0051)
電話　03(3295)3921(代表)
印刷所　図書印刷株式会社

ISBN978-4-8163-5346-8　Printed in Japan
(定価はカバーに表示してあります)(落丁・乱丁本はお取り替えします)